I0830727

URABÁ

URABÁ: Una gesta nacional de empresarios y trabajadores.

Eduardo Benavides Legarda®

Primera edición: Septiembre 2024.

Portada: Germán Jiménez Morales.

Foto de portada: Manuel Saldarriaga-El Colombiano.

Diseño editorial: Somos Pergamo.

Editor: Libera tu Escritura by Germán Jiménez Morales.

Se prohíbe la reproducción total o parcial de esta obra sin la expresa autorización de su autor.

EDUARDO BENAVIDES LEGARDA

URABÁ

UNA GESTA NACIONAL DE EMPRESARIOS Y TRABAJADORES

Homenaje a la memoria de:

Enrique Molinares Dugand.

Dirigente político del MOIR, productor
y dirigente gremial bananero.

A la memoria de

mis padres, Eduardo y Rosalba,
y de mi hermana Anita.

Dedicado:

A mis hermanos María Eugenia
y Hugo.

A mis sobrinos Daniel -su hija Adela
y su esposa Yazmín- y David.

A Marcela y Mauricio y sus hijos Pablo
y Antonio.

Y a Luis Carlos, María Fernanda
y Daniel, y su hijo Milo.

A María del Carmen, mi compañera
de siempre.

Y a Camilo y Daniel, los hijos que me
dio la vida.

Agradecimiento a:

Gabriel Fonnegra, por la introducción.

A Alfredo Acosta Córdoba por su
lectura y comentarios.

ÍNDICE

INTRODUCCIÓN

Una dolorosa, aunque necesaria, mirada al pasado

GABRIEL FONNEGRA.

Pendiente aún el país entero de lo que pueda suceder con las negociaciones en curso sobre el desarme de los grupos por fuera de la ley, quizá no sea grato volver la vista atrás para hacer un repaso a aquel período tan sombrío que padeció Urabá y del que apenas se están reponiendo los seiscientos mil habitantes. Remembranza no grata, pero sí necesaria para aquellos sectores dirigentes sobre cuyos hombros recae una responsabilidad a la que no es posible sacarle el cuerpo, la de reconstruir el tejido social y empresarial.

Si bien no se vislumbra una salida pronta a las conversaciones de paz, ante las muchas exigencias interpuestas a cada instante por las facciones enmontadas, nos asiste la convicción de que el país ganaría mucho si se viera por fin la luz al final del túnel. Ganarían los empresarios y los trabajadores, los campesinos y los comerciantes y, sobre todo, la mujer trabajadora, la madre de familia, la vendedora, el ama de casa, víctima predilecta en las guerras de todo tipo que siguen por desgracia asolando a Colombia.

Hay bases para el optimismo. Urabá cuenta desde hace ya más de seis décadas con una clase empresarial sólida, vinculada al negocio bananero, y con un sector sindical renovado, ajeno ya a las aventuras. No fue Urabá la primera zona bananera establecida en el país, pero sí, hoy, la más importante, con un sector de capital nacional que se rehúsa a arriar banderas aun en medio de unos indicadores macroeconómicos tan adversos y en un mercado mundial dominado por poderosas trasnacionales, una de ellas, la Chiquita Brands, antes United Brand Company, antes Frutera de Sevilla, antes United Fruit Company, la que fuera quizá uno de los más poderosos consorcios del planeta en la primera mitad del siglo XX. Su mano férrea se hizo legendaria. Sobre ella escribieron célebres novelas escritores tan reconocidos como el Premio Nobel guatemalteco Miguel Ángel Asturias, con *El Papa*

Verde, el Premio Nobel colombiano Gabriel García Márquez con *Cien años de soledad,* ya un clásico de la literatura universal, y el Premio Nobel peruano Mario Vargas Llosa con *Tiempos recios.*

Al reseñar en el libro cómo nació el cultivo en Urabá, Eduardo Benavides Legarda empieza rindiendo tributo a los primeros cultivadores nacionales que se atrevieron a sembrar, previo contrato con la Frutera de Sevilla. Apenas unos pocos, los que venían del Magdalena, tenían experiencia. Los más eran residentes en la región, o personas que habían participado en la construcción de la Carretera al Mar de Medellín a Turbo, o gente de clase media con aspiraciones. Fue así como nació la nueva clase empresarial y, a su lado, hombro con hombro, el proletariado bananero.

Urabá, una región aún selvática, sin servicios, sin vías y afectada por la malaria, se vio poblada de repente por millares de obreros que emprendieron la titánica labor de tumbar monte, cavar canales, construir ranchos y sembrar. Benavides describe en detalle cómo fueron cambiando las condiciones a medida que se modernizaba el cultivo, con asistencia técnica prestada por la Frutera de Sevilla, que tomó a su cargo tender los canales de acceso al mar y construir las carreteras principales. Los empresarios, a su turno, asumieron las responsabilidades que un Estado indolente tenía abandonadas y erigieron escuelas y centros de salud.

En 1963 ocurrió un hecho de trascendental importancia, porque significó un nuevo punto de partida. La Frutera de Sevilla no había contemplado asentarse en la zona por mucho tiempo, solo mientras cuadraba algunas cargas en Centroamérica y Ecuador, y fue entonces cuando Óscar Restrepo D'Alemán, Guillermo Echavarría Misas, Pedro Nel Ospina, Jesús Mora, Gonzalo Vélez, Oscar Baquero, Juan Guillermo Restrepo, José Salazar Samper, Félix Moreno Londoño y Joaquín Molina Álvarez, los pioneros, constituyeron la Asociación de Agricultores y Ganaderos de Urabá, Augura.

Ya al año siguiente, 1964, fecha del primer embarque hacia Estados Unidos, 7.051 racimos, Augura reunía, entre otras, a la Hacienda El Paseo, Coldesa, Hacienda Mocarí, la Promotora de Exportaciones y Cultivos, la Hacienda California, Guillermo Duque y Compañía y Moras Mejía y Compañía. Para finales del año había en siembra un total de 6.000 hectáreas.

Con visión estratégica y sentido de patria, el grupo de empresarios se había arriesgado a dar el paso ante los abusos de la Frutera de Sevilla, el manejo amañado de los contratos y las absurdas exigencias de calidad, y decidió comercializar el banano en forma independiente por intermedio de UNIBAN. Era la primera vez en el mundo que una empresa conformada por accionistas nativos se atrevía a enfrentar el oligopolio conformado por la United Fruit, la Standard Fruit y la Del Monte. La de UNIBAN fue una gesta, precisa Benavides Legarda, que "no ha recibido aún en los estudios económicos el reconocimiento que merece". Uno de los fundadores, Guillermo Gaviria Echeverri, puntualiza: "Fue una decisión de los productores nacionales rayana en el heroísmo".

Porque el camino recorrido no ha sido fácil. Desde el principio mismo, los empresarios habían visto con claridad que se venía encima un sartal de dificultades por la baja en los precios a raíz de la sobreoferta mundial de la fruta, que marcaba un contraste depresivo con las enormes inversiones inherentes al cambio de variedad, de Gros Michel a Cavendish, inversiones que no todos estuvieron en capacidad de hacer. Un productor lo resume: "Los que sobrevivimos quedamos con los forros de los bolsillos volteados hacia afuera".

Los productores reaccionaron creando en 1974 la Unión de Países Exportadores de Banano, UPEB, encaminada a defender el precio, lo que desató la reacción de las trasnacionales en lo que fue llamado "la guerra del banano", con muchos altibajos y caídas para los empresarios locales, pero también con significativos avances. La experiencia adquirida le ha permitido al sector superar obstáculos que a muchos otros los habrían desanimado.

Huracanes y plagas ocasionaban pérdidas a intervalos regulares, lo que exigía cada vez mayores inversiones y exigentes cuidados agronómicos. Pero la principal peste, mucho peor que la sigatoka negra, el moko y el Mal de Panamá, fue la violencia que asoló la región durante décadas. Primero fue el EPL y no mucho después el V Frente de las FARC, las dos guerrillas enfrentadas entre sí. Como fruto de un trabajo de campo y una labor académica de investigación que le tomó lo menos un par de años, el autor dedica al hecho un largo aparte, detallándolo en toda su crudeza. Muestra también con rigor minucioso cuáles fueron las secuelas dejadas por el terrorismo en los cultivos y entre los mismos operarios, ante el hecho insólito, sin precedente en el planeta, de un par de sindicatos enfrentados a bala y asesinándose entre sí por ganar afiliados. Por fortuna, ya buena parte del sector sindical ha cobrado madurez y ha roto con tan dañinas concepciones.

Eduardo Benavides Legarda, residente en Urabá durante muchos años, nos invita a reflexionar sobre un pasado que para muchos empresarios y trabajadores no traerá sino recuerdos dolorosos, una época oscura que será preciso superar entre todos si se aspira a construir un futuro mejor para las nuevas generaciones.

Junio de 2024.

Primera etapa.

EL ARRANQUE
DE UNIBAN

(1962-1969)

NACE LA UNITED FRUIT COMPANY

Los orígenes del negocio bananero en Colombia se remontan a 1870, cuando el capitán Lorenzo Daw Baker, norteamericano, propietario de un barco que hacía recorridos periódicos entre las islas del Caribe y Estados Unidos, organizó la primera empresa comercializadora para llevar regularmente bananos de Jamaica a Boston. Allí los negociaba por intermedio de Andrew Preston, dueño de la Seavern & Co., quien trabajaba a comisión. El capitán Baker cristalizaba así un negocio cuyos recientes ensayos le habían dado un buen resultado. En el Nuevo Mundo, el banano había sido cultivado por primera vez en Santo Domingo, en 1516, con semillas traídas de las Islas Canarias por los conquistadores españoles.

Al fusionar sus empresas, Baker y Preston dieron nacimiento a la Boston Fruit Co., germen de la famosa multinacional United Fruit Company, más conocida en el Caribe como "Mamita Yunái". Posteriormente tomó el nombre de United Brands Co. y hoy figura como Chiquita Brands.

En Costa Rica, por la misma época, otro norteamericano, Minor C. Keith, quien se había casado con la hija de un expresidente, obtuvo una generosa concesión del gobierno para construir el ferrocarril de Puerto Limón a San José. Dejó inconclusa la obra por dificultades económicas y decidió más bien cultivar banano en las tierras adyacentes a la ferrovía, fruta que comercializó con éxito en New Orleans. Tiempo después, efectuó siembras en los departamentos colombianos de Panamá y el Magdalena, como también en Nicaragua, donde se cultivaba banano pero solo con fines domésticos. Para 1887, con semillas traídas de la provincia de Bocas del Toro, Panamá, la Colombian Land de Keith inició el cultivo agroindustrial, con propósitos de exportación.

Como a finales de siglo volvió Keith a hundirse en dificultades financieras, se vio forzado a entrar en negociaciones con la Boston Fruit, tratos que culminaron con la fusión de por lo menos cuatro empresas: la Boston Fruit, la Tropical Company, la Snyder Banana Co. y la Colombian Land. Fue así como nació en 1899 la United Fruit Co., con sede en Boston y un capital de USD 20.000, 112 millas de ferrocarril, 86.000 hectáreas de tierra —24.800 de ellas en producción— y los barcos del capitán Baker, base de lo que habrá de conocerse como la Gran Flota Blanca.

El panorama político al iniciarse el siglo XX deja ver un gran desarrollo del capitalismo en el mundo, que en países como Estados Unidos, Inglaterra —por entonces el principal imperio—, Alemania y Francia, ha pasado a ser monopolista en las más estratégicas ramas de la producción y el comercio, eliminando la competencia e imponiendo sus condiciones. El capitalismo, en su conjunto, ha pasado a su fase superior, el imperialismo, y las fronteras nacionales se erigen como un gran obstáculo para la exportación del capital excedente, por lo que las potencias las pisotean en busca de materias primas, mano de obra barata, tierras a bajo costo y mercados para sus mercancías. La Entente anglofrancesa se ha terminado de repartir las numerosas colonias en Asia y África, pero un par de nuevos países imperialistas, Estados Unidos y Alemania, entran con fuerza a la disputa exhibiendo un músculo ya poderoso en lo militar y en lo financiero.

Estados Unidos le acaba de arrebatar a España los territorios de Cuba, Puerto Rico y Filipinas, y le ha robado a Colombia el departamento de Panamá, donde implanta un estratégico territorio bajo la plena soberanía de Washington, The Canal Zone, que no tarda en ser convertido en base militar. Panamá es la cabeza de playa desde la cual va a iniciar Washington la puja con las demás potencias por la plena hegemonía en el hemisferio occidental. No es extraño, entonces, que la United Fruit haya entrado pisando fuerte en la nueva área de influencia de Estados Unidos. Fue a la sombra de su poder como la empresa bananera se convirtió en ama y señora en por lo menos cinco países.

A lo largo del siglo XIX, Colombia estuvo sumergida en decenas de guerras intestinas libradas entre terratenientes y comerciantes, aferrados los unos a la gran propiedad feudal y partidarios los otros del desarrollo capitalista por entonces basado en el librecambio con Inglaterra y otros países. Los terratenientes se alinean alrededor del Partido Conservador; la burguesía comercial, en torno al Partido Liberal. El robo de Panamá coincide justamente con la última de las contiendas civiles, la llamada Guerra de los Mil Días, entre 1899 y 1902, ganada por los conservadores. Pero la guerra decisiva entre ambos bandos había sido la de 1885, que entroniza en el poder a las fuerzas más retardatarias encabezadas por Miguel Antonio Caro y Rafael Núñez, que promueven la Constitución de 1886.

Las consecuencias no se hicieron esperar: apenas declarada oficialmente la paz en la Guerra de los Mil Días, el departamento de Panamá, con el apoyo militar y económico del gobierno de Teodoro Roosevelt, declara su independencia de Colombia el 3 de noviembre de 1903. El nuevo presidente, el cartagenero Amador Guerrero, un empleado medio de la Panama Railroad, se apresura a firmar con la United un nuevo contrato para el cultivo de banano en la provincia de Bocas del Toro. Pero, desde luego, el interés fundamental de Estados Unidos es el canal interoceánico, de vital importancia estratégica para la nueva potencia mundial.

En resumen, para finales del siglo XIX y comienzos del XX, Estados Unidos es la potencia con mayor presencia en América Latina. Tiene cuantiosas inversiones en diversas ramas de la economía de cada país y ha intervenido militarmente en algunos que no acataban plenamente sus designios, pero en Colombia encontró el camino llano, pues los gobiernos de la Hegemonía Conservadora le inclinaron la cerviz, como lo habrán de hacer más tarde Olaya Herrera y López Pumarejo durante la República Liberal. La United Fruit Co. se estableció definitivamente en el departamento del Magdalena bajo el nombre de Compañía Frutera de Sevilla y obtuvo entre 1901 y 1912 la exención de impuestos y un incentivo de USD 0,35 por hectárea sembrada.

No tardó la United en convertirse en una "república independiente". En el enclave del Magdalena imponía su voluntad y les pagaba a los trabajadores salarios de miseria, ni siquiera en dinero, sino en vales y con artículos de los comisariatos de la compañía, a precios superiores a los del mercado. Tan asfixiante situación llevó a que los obreros organizaran en 1918 el primer paro bananero por mejores condiciones laborales, paros que serían una constante en los años siguientes, alcanzando su punto culminante bajo el gobierno de Miguel Abadía Méndez. Fue un 6 de diciembre de 1928, a la 1:15 de la madrugada, cuando el general Carlos Cortés Vargas ordenó ametrallar a una masa de obreros bananeros que se encontraba reunida frente a la estación del ferrocarril de Ciénaga. El saldo trágico, aquella noche, fue de decenas de muertos y el balance final, en los cuatro meses de estado de sitio, ascendió a más de mil víctimas. El debate lanzado pocos meses después por el caudillo liberal Jorge Eliécer Gaitán, en el que denunciaba la masacre, tumbó al gobierno conservador. Gabriel García Márquez reseña hermosamente el hecho en forma de novela en *Cien años de soledad*.

PRIMERAS EMPRESAS BANANERAS EN URABÁ

En 1905, el gobierno colombiano entregó al ciudadano norteamericano Henry Granger una concesión para la explotación monopolística de un ferrocarril entre el Golfo de Urabá y Medellín. Se le otorgaron igualmente 10.000 hectáreas para el cultivo del banano con un plazo de veinticinco años. El proyecto nunca se adelantó.

Estados Unidos no era la única potencia que merodeaba por estos lados. Inglaterra había hecho cuantiosas inversiones y Alemania, por intermedio del Consorcio Albingia, había obtenido del gobierno colombiano una concesión de 5.000 hectáreas al sur de Turbo, para sembrar banano. La empresa Albingia empezó a montar la línea de ferrocarril que habría de servir al cultivo y el muelle de exportación en Puerto César, cuando la Primera Guerra Mundial dio al traste con el proyecto. Aún hoy día es posible encontrar ruinas de las obras adelantadas por los alemanes.

En Acandí, Urabá chocoano, se desarrolló en los años treinta un cultivo bananero con fines de exportación. Desde allí, una empresa antioqueña, la Compañía Bananera del Chocó, exportaba 10.000 racimos mensuales a Estados Unidos, haciendo trasbordo en Colón, Panamá. Los trabajos eran dirigidos por el canadiense Carlos Cleall. Para establecer una comparación, en 1930 la zona bananera del Magdalena exportaba 246.484 toneladas. Hacia 1954, en su mejor momento, la Compañía Bananera del Chocó llegó a exportar 35.000 racimos a Tampa y Jacksonville, pero entró en bancarrota en 1960.

También en 1930, el gobierno departamental de Antioquia envió una comisión a Urabá para estudiar la promoción del cultivo del banano y ofreció un subsidio de cinco centavos por mata sembrada, que nadie acogió.

En 1939 estalló la Segunda Guerra Mundial, a cuyas consecuencias no escapó Colombia. Las exportaciones de banano del Magdalena, que ocupaban el segundo lugar después del café, se vieron reducidas en 1943 a tan solo 11.000 toneladas.

Fue pasada la guerra y entrada ya la década del cincuenta cuando la Frutera de Sevilla, filial de la United Fruit, decidió adelantar estudios de factibilidad para el cultivo del banano en Urabá. Son los años del golpe militar llevado a cabo por el general Gustavo Rojas Pinilla.

A lo largo de la década, el mercado bananero mundial experimentó un crecimiento del 4,7% anual, y la United Fruit se convirtió en la multinacional comercializadora de banano más importante en el mundo. Ya en 1954 acumulaba en América Central, Colombia y Ecuador, 700.000 hectáreas de tierra, 185.000 de ellas sembradas en banano.

En 1959 se fundó en Urabá la empresa COLDESA, y en Betulia, Antioquia, el Sindicato de Jornaleros Agropecuarios, Sindejornaleros, que entraría a operar en la zona años más tarde.

LA UNITED SE TRASLADA A URABÁ

Declarados satisfactorios los estudios de factibilidad, en 1962, mediante aviso publicado en el diario *El Tiempo*, la Compañía Frutera de Sevilla invitó a cultivar banano en la zona de Urabá.

¿Por qué decidió hacerlo por intermedio de productores y no directamente, como lo había hecho en el Magdalena y lo hacía en Centroamérica?

Porque la United nunca pensó en Urabá como un cultivo permanente, sino apenas transitorio, para compensar el faltante en la producción centroamericana, como resultado del cambio de variedad, pues sus cultivos de la variedad Gros

Michel, por entonces predominante en todo el mundo, venían siendo arrasados por el Mal de Panamá, un hongo que ataca la planta.

La enfermedad había sido detectada por primera vez en 1876, en Australia. En 1910 fue observada en la zona de Almirante, en Panamá, de donde tomó el nombre y no tardó en extenderse a Centroamérica. En 1929 apareció en Ecuador, pero los verdaderos estragos en las plantaciones fueron los del año 1955. Por esta época también afectó los cultivos en la zona del Magdalena.

La enfermedad, cuyos tratamientos habían resultado hasta el momento costosos e ineficaces, obligó a la United a estudiar una variedad que resultara resistente al mal. La investigación, adelantada por la United en el mayor secreto, dio como resultado las variedades Cavendish y Valery, cuya productividad duplicaba la de la Gros Michel, pues mientras esta permitía una densidad de 900 plantas por hectárea, las otras dos posibilitaban sembrar 1.800 matas. Las nuevas variedades presentaban algunas desventajas, como ser menos resistentes a los vientos y dar un fruto más delicado, lo que demandaba más personal para su cuidado. Sin embargo, la alta productividad compensaba económicamente cualquier desventaja.

La United abandonó el Magdalena porque la zona ya acusaba agotamiento del suelo, estaba afectada por el Mal de Panamá desde 1957, tenía un régimen irregular de lluvias y era propensa a los huracanes. Influyó no menos el hecho de que en 1962 concluía la concesión sobre el ferrocarril. Urabá, en cambio, ofrecía excelentes suelos libres del Moko y del Mal de Panamá, altísimos niveles de precipitación pluvial, alta humedad relativa y cercanía al mar.

Que la Frutera de Sevilla firmara con los productores un contrato a cinco años, contados a partir del inicio de las exportaciones, indica claramente que su intención fue simplemente compensar la producción mientras cambiaba la variedad en Centroamérica, lo cual implicaba tumbar lo plantado y volver a sembrar, en un momento en que el mercado mundial crecía a un promedio del 4,5% anual. Este estado de transitoriedad significaba que en cinco años los productores colombianos se quedarían con sus tierras sembradas y con una infraestructura costosísima, pero sin ningún mercado, pues todo era controlado por las multinacionales.

Aun así, un grupo heterogéneo de personas acudió al llamado de la Frutera, que les puso como requisito poseer tierras dentro de unos límites determinados por ella, y todas con planos topográficos, estar dispuestos a invertir aproximadamente USD 300 por hectárea y comprometerse a adelantar los planes de adecuación de tierras y campamentos, de acuerdo con las orientaciones de la multinacional.

Solo le venderían la producción a ella y ciñéndose a sus condiciones. La Frutera les ofreció créditos hasta de USD 600 por hectárea, semillas de la variedad Gros Michel, asesoría técnica para el cultivo, la producción y compra del banano.

En el grupo inicial que acudió al llamado de la multinacional había antiguos bananeros de la zona del Magdalena, costeños y antioqueños sin ninguna experiencia en banano, residentes de la región con tierras en el área determinada, personas que habían participado en la construcción de la carretera Medellín-Turbo, inversionistas de Medellín y gente del interior. La gran mayoría no eran personas ricas ni grandes inversionistas, sino más bien gente de sectores medios con aspiraciones de surgir o rehacerse de fracasos pasados.

Nació así para la zona una nueva clase empresarial, el empresariado nacional bananero, con un importante capital nativo que entraba en conflicto con el gran capital monopolista, en este caso el de United, tan solo interesada en utilizarlo como intermediario en beneficio de sus propios fines. Surgió a la par el proletariado bananero, hoy numeroso.

SITUACIÓN SOCIAL DE LA REGIÓN DE URABÁ POR LA ÉPOCA

La vida en la región era extremadamente difícil. Urabá, por entonces, era una enorme llanura selvática de donde se extraía madera y donde se explotaba la ganadería en baja escala sobre algunos terrenos aledaños a la carretera. Región aislada, de clima malsano, sin servicios públicos esenciales ni vías de comunicación. Se trataba de tumbar selva para hacer un cultivo agroindustrial, una obra monumental.

Cuando en 1963 se inician las primeras siembras, los productores vivían primero en el Hotel de Turismo o en otros de Turbo, que tenía aeropuerto, y de allí se desplazaban a sus fincas, ubicadas al comienzo en el sector de Casanova, el más cercano a Turbo, posteriormente en Nueva Colonia y después en Zungo. Se transitaba entonces por una trocha que unía a Turbo con Apartadó, que no tenía puentes para sortear los innumerables ríos y quebradas, y muchas veces, en las crecidas, era imposible atravesarlos en carro.

En ocasiones se tenía que terminar el recorrido a pie, durmiendo en las fincas, a donde habían acudido miles de trabajadores de las regiones aledañas, Córdoba, Chocó y el interior de Antioquia, en busca de una oportunidad que les negaba otras regiones. Este ejército de migrantes vendría a conformar otra nueva clase social en Urabá, la del proletariado agroindustrial, hombres sin nada más para sobrevivir que su fuerza de trabajo.

Si antes Urabá no contaba con la infraestructura suficiente para atender a sus habitantes, ahora que de la noche a la mañana veía incrementada notablemente su población, enfrentaba una situación crítica por la imposibilidad de satisfacer la demanda de vivienda, bienes y servicios de los nuevos moradores. Lo más natural entonces es que las dificultades se resolvieran de acuerdo con las circunstancias particulares del momento. Los trabajadores hicieron sus campamentos con los materiales que el terreno les daba, madera y bijao, sobre todo, pues el transporte de los centros urbanos a las fincas era inexistente y no había otra manera de adelantar la tarea de tumbar la selva y preparar la tierra, mientras se construían los caminos y se levantaban campamentos en mejores condiciones.

Los poblados no estaban preparados para recibir la avalancha de nuevos habitantes y en alguna parte había que vivir. No había otra salida que construir ranchos como los que primaban en la región. En estos campamentos de madera y paja vivieron también los productores cuando los cogía la tarde para regresar a Turbo, mientras hacían sus propias casas, a medida que avanzaba la apertura de las fincas.

En algunos casos, algunos productores alquilaban casas en ganaderías cercanas, y en general era una vida muy difícil para todos, por las penosas condiciones de la región. Aun así, en las fincas se vivía mejor que en los poblados, donde ni siquiera se conseguía vivienda.

Los trabajadores llegaron por miles de diversas regiones, particularmente de las zonas aledañas. Algunos venían de Santa Marta, traídos por los productores, y eran los que sabían de banano. Vivían en los pueblos y se dedicaban especialmente a las labores de siembra. Los chocoanos y los cordobeses (conocidos como "chilapos") se dedicaban básicamente al trabajo de tumbar la selva y realizar las excavaciones necesarias para los canales de drenaje.

Se laboraba al contrato. Un empresario contrataba a una persona que mandaba un grupo de trabajadores para adelantar una tarea específica, por ejemplo, tumbar un número de hectáreas de monte, cavar tantos metros cúbicos de canales para drenaje o sembrar determinada área de tierra, que la cuadrilla ejecutaba en el menor tiempo posible, pues se pagaba por obra realizada. La cuadrilla se instalaba en la finca para adelantar la labor, y una vez concluida, emprendía otra para la misma empresa o se marchaba en busca de otro contrato. Trabajo era lo que había, porque eran cientos de hectáreas las que había que domesticar y poner a producir.

De las autoridades para abajo, todo el mundo violaba la ley laboral, incluso los trabajadores, puesto que nadie la conocía. Mientras la producción bananera arrancaba en forma y las empresas se estabilizaban, el trabajo a contrato era el único viable en ese momento, dadas las circunstancias, la magnitud y naturaleza de la obra. De otra forma habría sido imposible haber hecho la zona bananera de Urabá. De todos modos, el salario devengado por un trabajador al contrato era mucho más alto que el salario mínimo urbano de la época. Lamentablemente, el atraso cultural de los trabajadores hacía que despilfarraran el sueldo los fines de semana en juergas y prostitutas. Aún hoy se presenta dicha situación.

Las relaciones obrero-patronales, a pesar de la natural contradicción capital-trabajo, eran buenas. En los primeros años, cuando ya los empresarios construyeron sus viviendas en las fincas, convivían dentro del mismo contexto los productores y sus trabajadores. Se hacía parte de la misma epopeya, sin que por ello las contradicciones de clase se extinguieran o minimizaran.

En el período intercensal de 1964 a 1973, la tasa de crecimiento en Urabá fue superior al 5%, mientras que el país creció a un promedio de 3,05%.[1]

---

1 REY de Marulanda, Nohra y Córdoba Garcés, Juan Pablo. Perspectivas económicas actuales y de mediano plazo. Medellín, AUGURA, 1990. p. 27

EL GOBIERNO, INDOLENTE COMO SIEMPRE

El gobierno de Guillermo León Valencia, al cual le correspondió el inicio del proceso de producción bananera en Urabá, asumió frente a él una actitud pasiva e indiferente. No se opuso, pero tampoco apoyó a nadie, ni a la multinacional, ni a los empresarios, ni a los trabajadores.

Como siempre, el Estado fue inferior a su responsabilidad. Fue la Compañía Frutera de Sevilla o United la que hizo las grandes obras de infraestructura marítima y vial, en especial los canales fluviales de acceso al mar y la que suministró el equipo marino necesario para el transporte de la fruta a los barcos. Fue ella también la que construyó las carreteras principales de los centros de producción a los embarcaderos en

Nueva Colonia y Zungo. Puso igualmente parte del capital para que los productores pudiesen adecuar sus fincas. Los empresarios, a su turno, abrieron las vías secundarias, erigieron la infraestructura bananera en cada finca, como también la vivienda y los servicios públicos, muy precarios inicialmente. Los trabajadores pusieron en todas partes la mano de obra indispensable para sacar adelante esta monumental tarea.

El sector bananero se hizo cargo incluso de los problemas de salud del trabajador y su familia, que le correspondían atender al Estado. Algunas fincas promovieron escuelas propias y varias se agruparon para costear este servicio tan básico. Al sector privado, en suma, le correspondió hacer las obras que le tocaban a un Estado indolente y sin mayor presencia en la región. Pero si en obras y servicios el Estado estaba ausente, mucho peor lo estaba en la justicia, pues su casi inexistente presencia promovía la impunidad a todo nivel.

En el aspecto político, Guillermo León Valencia se dedicó fundamentalmente a extinguir los focos de bandolerismo derivados de la época de la Violencia. Había surgido un fenómeno nuevo por la enorme influencia de la Revolución Cubana entre estudiantes, intelectuales y capas medias de la población, en los que se enraizó una corriente revolucionaria que compartía dos elementos: Ser antiimperialista y reivindicar la lucha guerrillera como táctica única de las luchas revolucionarias.

Brotaron así, no solo en Colombia sino en toda Latinoamérica, una cantidad de focos con el propósito inmediatista de derribar a los gobiernos y establecer el poder popular. Aparecen en el panorama político de entonces dirigentes como Luis Turcios Lima, Fabricio Ojeda, Carlos Marighella, Luis de la Fuente y, el más importante, Ernesto Che Guevara.

Colombia no fue la excepción y, por estos años, los dirigentes del MOEC van por el país promoviendo focos guerrilleros que fracasan. Roberto González Prieto, alias "Pedro Brincos", se desplaza a Turbo e inicia un movimiento armado, derrotado muy pronto por el ejército, por una delación. Tulio Bayer marcha hacia los Llanos Orientales pero es rápidamente aplastado. Otro grupo corre la misma suerte en la zona del Carare y Antonio Larrota, que se había propuesto convertir los focos de bandolerismo en cuadrillas revolucionarias, muere fusilado por alias "Aguililla", uno de los jefes bandoleros del Cauca.

Un grupo encabezado por Víctor Medina Morón, exsecretario regional del Partido Comunista en Santander, Fabio Vásquez Castaño, empleado bancario y miembro de la Juventud del MRL, Heriberto Espitia, quien procedía de la banda de "Chispas", Ricardo Lara Parada y Juan de Dios

Aguilera, estudiantes de la Universidad Industrial de Santander, viajan a Cuba en carácter de becarios, y el 11 de noviembre de 1962 fundan la Brigada Pro Liberación José Antonio Galán, semilla del llamado Ejército de Liberación Nacional -ELN-.

Simultáneamente, una facción del Partido Comunista, encabezada por Pedro León Arboleda, Pedro Vásquez Rendón, Libardo Mora Toro y Francisco Garnica, se retira por desacuerdos de fondo con la posición y la práctica, contrarias, según ellos, a los intereses populares, y crean los CIMREC o Comités de Integración de Movimientos Revolucionarios de Colombia, del cual habrá de surgir el Partido Comunista Marxista Leninista o PC-ML y de él brotaría el Ejército Popular de Liberación -EPL-, importante posteriormente en la vida de Urabá. Por esta misma época aparecen las FARC.

PRIMEROS GREMIOS Y EXPORTACIONES

Mientras se iniciaba en 1962 el proceso de producción en Urabá, las exportaciones mundiales de banano alcanzaban ya las 4.149.700 toneladas. Los países latinoamericanos participaron con 1.182.400, es decir, con el 28,49% del total. La zona del Magdalena exportó en dicho año 147.100 toneladas, participando del 3,54% del mercado mundial. [2]

En Urabá, con las primeras siembras de banano en marzo de 1963, surgieron también las primeras inquietudes de agremiación de los productores ante las dificultades que presentaba la ingente tarea.

2 ESTADISTICAS. En: Carta Informativa: Órgano de difusión de AUGURA. No.5. (dic./1993). p. 2627. ISSN 01205706.

El 13 de diciembre del mismo año, en el salón principal de la Cámara de Comercio de Medellín, se reunieron Óscar Restrepo D'Alemán, principal promotor, Guillermo Echavarría Misas, Pedro Nel Ospina, Jesús Mora, Gonzalo Vélez, Óscar Baquero, Juan Guillermo Restrepo, José Salazar Samper, Félix Moreno Londoño y Joaquín Molina Álvarez para constituir la Asociación de Agricultores y Ganaderos de Urabá, AUGURA, de trascendental importancia en el futuro de la región.

Al año siguiente, 1964, el 7 de febrero, en el curso de su primera reunión, celebrada en las instalaciones de la Compañía Bananera Currulao, la Junta Directiva de AUGURA aprobó el presupuesto de $372.000 e inició las primeras campañas moralistas, orientadas por el clero católico y encaminadas a conseguir el cierre de las cantinas a las ocho de la noche y a combatir el alcoholismo. Fue como batallar contra molinos de viento. Se dieron también a la tarea de atacar las enfermedades tropicales, particularmente la malaria, y a dotar a la región de proveedurías donde los trabajadores pudiesen comprar sus alimentos a mejores precios.

Al año de las primeras siembras se produjo la primera exportación. El 22 de marzo de 1964, en medio del júbilo general, el vapor *Alsferufer* llevó el primer embarque de 7.541 racimos de banano de Urabá, con destino a Estados Unidos. El entusiasmo que despertó el acontecimiento posibilitó que algunas fincas se integraran a AUGURA. En abril, las empresas Hacienda El Paseo y Co., COLDESA S.A., Hacienda Mocarí, Guillermo Duque y Co. Promotora de Exportaciones y Cultivos, Hacienda California y Moras Mejía y Co., decidieron afiliarse a la organización gremial.

Así como los empresarios buscaron asociarse, se presentaron también las primeras expresiones de organización sindical y se fundó SINTRABANANO, afiliado a Fedeta y a la CSTC. SINTRABANANO recibía orientación del Partido Comunista. Cayó en la inactividad desde su fundación y solo vino a reaparecer en 1968.

En septiembre de 1964, Eduardo Zuleta Ángel, representante de la Frutera de Sevilla, informó que hasta ese mes se habían sembrado 6.000 hectáreas y exportado 350.000 racimos, con un peso promedio de 62 libras, a un precio promedio de USD 2,65. Hasta julio, la Frutera de Sevilla había invertido en estudios, carreteras y campamentos para trabajadores USD 3.630.000. [3]

Para finales de año, el Fondo para la Alimentación de Naciones Unidas, FAO[4], convocó en Guayaquil, Ecuador, una Reunión Especial sobre Banano, que presentó las siguientes perspectivas para

3 REUNION de empresarios de Urabá. En: Carta Informativa: Órgano de difusión de AUGURA. No. 3 (sep./1964). p. 45.
4 REUNION especial sobre el banano. En: Carta Informativa: Órgano de difusión de AUGURA. No. 5 (nov./1964). p. 521

la actividad bananera mundial: A largo plazo, la producción y exportación bananera tendería a expandirse por las nuevas variedades resistentes al Mal de Panamá, por mejores controles fitosanitarios aplicados a las plantaciones, por las nuevas áreas sembradas, por la rehabilitación de viejas áreas abandonadas, por mejores prácticas de mercadeo, entre ellas el empaque de la fruta en cajas, por mejores índices de productividad y por la necesidad de los países productores de mejores ingresos.

El foro esperaba un aumento del consumo en 3% anual para la década del 60, lo cual se consideraba moderadamente alto, aunque menor que el de la década del 50. Las mayores expectativas estaban puestas en países de bajo consumo bananero y alto desarrollo, como los de Europa suroriental, el Cercano Oriente y el norte de Asia. De Japón también se esperaba un aumento en su demanda, al igual que de algunos países de Europa Occidental, donde el consumo era aún bajo. El consumo en Japón apenas alcanzaba los 3 kilogramos por persona al año, a pesar de haber triplicado su demanda en beneficio principalmente de Ecuador. Estados Unidos, principal comprador de banano en el mundo, no generaba mayores expectativas, pues a pesar de conservar el primer lugar en el mercado, había decrecido en consumo personal a niveles de 8,9 kilogramos por persona al año. De Canadá y de algunos países de Europa, tradicionalmente compradores como Alemania y los Países Bajos, donde el consumo per cápita había alcanzado los 10 kilogramos por persona al año, no se esperaba tampoco un repunte significativo.

La producción se había expandido en forma considerable, lo que trajo consigo un estancamiento de los precios de la fruta, por lo que no se esperaba para el decenio un repunte real de los precios internacionales. Al aumentar la oferta a un ritmo mayor que la demanda, los países productores, rivalizando entre sí por copar el mercado, vendían más cantidad de fruta pero a menor precio. El mercado mundial bananero para este año valía USD 400 millones en precios FOB.

La Reunión Especial de la FAO denunció el enorme desequilibrio entre el nivel de ingresos de los productores y el de los intermediarios y comercializadores. Del precio final al consumidor, apenas 11 centavos de dólar por caja exportada les ingresaban a los países productores, quedándose las multinacionales, por el hecho de ser ellas las que manipulaban el precio, con el mayor margen de ingresos.

La Conferencia denunció también la cantidad de barreras comerciales y arancelarias que algunos países desarrollados, particularmente los europeos, le interponían al libre acceso del banano latinoamericano y pidió a sus gobiernos comprender el profundo alcance social que el cultivo del banano revestía para países como Ecuador, Honduras, Panamá, las Islas Windward y Martinica, donde constituía la fuente principal de ingresos. Para Costa Rica, Guatemala y Guadalupe era la segunda.

Al concluir el año 1964, el primero de las exportaciones desde Urabá, el mercado mundial bananero había comercializado 4.497.800 toneladas de banano, es decir, 247.949.280 cajas de 18,14 kilogramos por un valor FOB de USD 400 millones.

Colombia exportó 171.600 toneladas, participando en un 3,82%. Urabá ingresó por primera vez a las cifras estadísticas mundiales con 23.200 toneladas métricas exportadas, equivalentes a 1.298.000 cajas en 6.000 hectáreas sembradas, con una productividad, hecha la conversión, de 215 cajas por hectárea al año.

Urabá participó entonces, en su primer año de exportaciones, con el 0.51% del mercado mundial, correspondiente al 13,52% del total de las exportaciones bananeras colombianas, incluyendo las de la zona del Magdalena. El total de exportaciones nacionales significó para el país divisas por USD 1.610.136.[5]

---

5 ESTADISTICAS. En: Carta Informativa: Órgano de difusión de AUGURA. No.5 (dic./1993). p. 2627. ISSN 01205706.

A pesar de las moderadas expectativas de la FAO acerca del futuro y de la baja productividad, natural en un cultivo que apenas comenzaba y del que se estaba aprendiendo, el precio permitía pensar en un futuro halagüeño para la actividad bananera colombiana.

LA DURA REALIDAD

El segundo año de producción bananera en Urabá, 1965, aterrizó a los productores nacionales en la realidad del negocio. El doctor Guillermo Echavarría Misas[6], en su discurso central ante la III Asamblea Anual de Afiliados, celebrada en febrero, advertía que la totalidad de los productores estaba en dificultades financieras, pues los créditos concedidos por la Frutera de Sevilla, por intermedio de la Corporación Financiera, no cubrían ni la mitad de los gastos necesarios para el cultivo.

Se pensaba que $7.000.000 por hectárea serían suficientes, pero la realidad probó que la inversión excedía los $12.000.000, sin contar los gastos en las carreteras interiores y en las vías comunales.

---

6 DISCURSO de don Guillermo Echavarría Misas. En: Carta Informativa: Órgano de difusión de AUGURA. No. 7 (feb./1965). p. 1415.

Y agregó con gesto de alarma: *"Más importante que todo es la seguridad personal de todos los que trabajamos en Urabá, sean patrones u obreros, pues estamos informados de que han empezado a presentarse brotes de violencia, lo cual nos tiene naturalmente inquietos"*.

La violencia de la que hablaba el Dr. Echavarría era la propia de las zonas de colonización, donde la débil presencia del Estado posibilita que la gente resuelva los problemas por sus propios medios. La guerrilla como tal aún no había hecho su aparición en la región. Desde entonces y hasta hoy, el sector bananero está reclamando en vano protección del Estado.

En marzo del mismo año (1965), AUGURA publicó en su Boletín informativo un interesante artículo titulado "Estructura y problemas principales de la producción bananera mundial"[7] en el que hacía el siguiente diagnóstico: el banano era entonces el principal producto del comercio mundial de frutas, cuyo valor anual alcanza los USD 400 millones, a precios FOB.

Para seis países constituía la base de su economía y para quince, la fuente principal de divisas, entre el 5% y el 10% de su actividad económica total. En

---

7 ESTRUCTURA y problemas principales de la producción bananera mundial. En: Carta Informativa: Órgano de difusión de AUGURA. No. 8 (mar./1965). p. 416

Honduras, el banano ocupaba el 2% de la tierra cultivada, pero abarcaba el 20% de la producción agrícola. América Latina y África eran los principales abastecedores del mercado bananero. América Latina producía el 56% del total y participaba con el 78% de las exportaciones mundiales. África producía el 7% y participaba del 18% de las exportaciones.

El banano es una planta de rápido crecimiento que da frutos ocho meses después de plantado. Existen varios tipos de variedades comerciales, objeto de exportación mundial, las principales: la Gros Michel y la Cavendish, en sus derivados Enana, Gigante, Robusta y Lacatán. Y hay variedades menores como la Golden Beauty, Sucrier Roja y Verde, y variedades locales, como la Mysore. La Gros Michel era por entonces la más importante, producida por Ecuador, Colombia, América Central, República Dominicana, Camerún y Guinea Española. Por el Mal de Panamá, dicha variedad venía siendo sustituida por la Cavendish en Jamaica, Honduras y Camerún Oriental y Occidental. Las Islas Canarias, Brasil, Somalia, Sudáfrica, Guinea, Martinica e Israel producían la variedad Cavendish Enana.

La Gros Michel, que produce de 8 a 15 manos por racimo, estaba siendo afectada duramente por el Mal de Panamá. Peor aún, por su altura es muy susceptible a los vientos. La Cavendish produce 50% más que la Gros Michel, es resistente al Mal de Panamá y a los vientos huracanados por su menor estatura, pero es susceptible a la Sigatoka Negra. El banano Cavendish resulta además propenso a daños causados por la manipulación, por lo que requiere ser transportado en cajas, contrario al Gros Michel, que se transporta en racimo.

En América Central la productividad en Cavendish oscilaba entre las 8 y las 18 toneladas por hectárea año, mientras que en las plantaciones de la United, el promedio era de 20. Pero en Guinea, las plantaciones en Cavendish producían hasta 30 toneladas por hectárea-año. Mientras la Gros Michel tiene una densidad de 650 a 800 plantas por hectárea y un rendimiento de 600 a 650 racimos, la Cavendish tiene entre 1.000 y 1.700 plantas por hectárea, con una producción que va de 1.200 a 1.700 racimos.

La producción está determinada por tres factores: agronómicos, referentes a la variedad, la fertilidad del suelo y el clima; culturales, a la fertilización, el riego, la fumigación, la lucha contra las plagas, la poda y el distanciamiento de las plantas; y económicos, al financiamiento, los costos y demás. En Colombia, también van a incidir mucho los factores políticos y sociales. A su vez, la producción, sobre todo en Centroamérica, es afectada por enfermedades y plagas como el Mal de Panamá, la Sigatoka Negra y el Moko, y por los vientos, problemas a los que no escapa prácticamente ninguna zona bananera del mundo. No menos daño causa el mantenimiento inadecuado de los cultivos.

En las Islas Canarias, Costa Rica, Honduras y Panamá, la productividad era del 80%, mientras que en Ecuador, Colombia, Taiwán y Somalia solo alcanzaba el 50%. El comercio mundial llegaba a las 4 millones de toneladas y en el último decenio el consumo se había duplicado a una tasa compuesta del 5% anual.

Los factores que explicaban el crecimiento eran el aumento de la demanda, las barreras puestas a la producción en algunos países y los incentivos colocados por Inglaterra, Francia, Italia y España a los países productores asociados. En África, la mayoría de los países productores están asociados con importadores europeos, siendo Costa de Marfil, Somalia y las Islas Canarias los de mayor desarrollo.

En América Latina había habido cambios en la estructura de producción: Ecuador se había convertido en el principal exportador de banano, en tanto que aparecían nuevas áreas bananeras en el Caribe, particularmente en las dependencias francesas de Guadalupe y Martinica, en las inglesas de Islas Windward y en la República Dominicana. En Asia, el productor más importante era Taiwán, siendo menores las Islas Fiyi, Samoa Occidental y Tonga, que pertenecen a Nueva Zelanda.

Como consecuencia de la expansión de las áreas y el natural crecimiento de la oferta, el estudio indica que desde mediados de los años cincuenta los precios reales del banano venían en bajada, hasta en un 20% para los últimos cinco años. El análisis económico señala que la inversión por hectárea era de USD 3.125 y se requería un hombre por hectárea o más, dependiendo de las labores culturales. La vida promedio de una plantación de banano oscilaba entre 5 y 20 años. En América Central: Honduras, Panamá, Guatemala y Costa Rica, la mayor parte del banano se producía en plantaciones de las multinacionales. En Honduras operaba la Tela Railroad, subsidiaria de la United, la Standard Co. y la Steamship Co. En Guatemala, la mayor producción era de la United, mientras que en el resto se producía para la Standard en fincas de más de 600 hectáreas. En Panamá y Costa Rica, la producción exportable provenía de la United. En Colombia, la mayor parte de la producción la hacían empresarios nacionales con contratos ligados a la United o Frutera de Sevilla.

En conclusión, el informe publicado por AUGURA preveía años difíciles por la expansión de las áreas bananeras, el cambio de variedad y la inclusión de nuevas tecnologías. La consecuencia, era una sobreoferta mundial de la fruta y, por ende, una baja en los precios.

Ecuador, principal productor mundial, tenía como meta incrementar su área sembrada en 12% para 1968 y en 28% para 1973, elevando sus exportaciones en un 32% y 58%, respectivamente. El estudio recomendaba entonces sustituir la variedad Gros Michel, abrir nuevas áreas bananeras y rehabilitar las viejas, empacar en cajas de cartón, como lo exigía la nueva realidad del mercado internacional, disminuir los costos de producción, eliminar zonas marginales, mejorar las políticas tributarias de los países, mejorar las prácticas comerciales con los importadores, desarrollar proyectos de integración regional y promover el aumento del consumo en los países compradores.

El panorama, según la publicación de AUGURA de marzo de 1965, era menos optimista que las conclusiones de la Reunión Especial sobre Banano, de la FAO, el año anterior. Aun así, el precio que se pagaba por la fruta permitía entonces una rentabilidad alta que invitaba a continuar en el esfuerzo. Pero en el mes de julio, vientos huracanados, sin antecedentes en la región, tumbaron el 50% de los cultivos bananeros de Urabá, causando pérdidas calculadas por AUGURA en 50 millones de pesos.

El gobierno fundó por la misma época a Corpourabá, con el propósito de orientar la inversión pública no relacionada con banano y promover el desarrollo económico y social. A finales del año, el Centro Nacional de Investigaciones Agrícolas diagnosticó la presencia de la enfermedad del Moko en algunos cultivos bananeros.

EL EPL IRRUMPE EN URABÁ

Simultáneamente, el 17 de marzo de 1965, un grupo de disidentes del Partido Comunista fundó el Partido Comunista de Colombia Marxista-Leninista, o PC-ML, y sus seguidores se desplazaron a las zonas por ellos denominadas X, H y Flor, para iniciar un trabajo militar por intermedio de una organización guerrillera a la que denominaron Ejército Popular de Liberación, EPL.

En su Segundo Pleno del Comité Central, la nueva organización optó por la línea de "guerra popular prolongada", imitación mecánica de la Revolución China.

Así lo atestigua Mario Agudelo, un jefe guerrillero desmovilizado:

En un acto dogmático, definimos el campo como el escenario principal de la revolución para el trabajo guerrillero, pero con un concepto muy equivocado, de elegir bases de apoyo teniendo en cuenta, no la población ni el peso político, sino las dificultades geográficas. Desde 1965 entramos a Córdoba, a los Llanos del Tigre, en límites con Antioquia. Escogimos la zona porque desde la época de la violencia hubo allí una buena presencia guerrillera liberal. Los primeros hombres con que se contó como Julio Guerra, David Manco o David Borrás, venían de la vieja guerrilla liberal. Es una zona abandonada y la gente era permeable, por su tradición a un nuevo concepto de lucha guerrillera. Además, porque desde esa parte, podíamos proyectarnos a zonas importantes como el Bajo Cauca y Córdoba. Dentro del concepto de "guerra popular prolongada", concebíamos fases a largo plazo, la primera, la consolidación en esa área interna, para después dirigirnos hacia afuera, ampliando lo que nosotros llamábamos los "anillos exteriores".

La vida en el arranque fue muy difícil. La mayoría de los guerrilleros iniciales eran profesionales de la ciudad o provenían de la universidad, gente toda que venía muy influenciada por el fenómeno cubano. Entendían que iban a afrontar grandes dificultades. La gente tuvo que convertirse en campesina para poder subsistir. Vivíamos casi que en condiciones infrahumanas y sin mucho que hacer desde el punto de vista militar. Inicialmente hacíamos trabajo de tipo social, llevamos médicos, trabajadores sociales, grupos culturales, gente de la universidad, para configurar lo que llamábamos los núcleos del "Frente Patriótico de Liberación", concebido como un frente de masas. Es decir, hacíamos un trabajo de gestión comunitaria que nos permitía ir organizando el trabajo militar, aprovechando la experiencia de los viejos guerrilleros liberales. Organizamos así algunos levantamientos populares de tipo local, dirigidos contra representantes de los terratenientes.

Éramos unos 25 hombres efectivos, con una concepción militarista al mando, pero con poca preparación militar. Así en el arranque perdimos grandes cuadros: Libardo Mora, Pedro Vásquez, Bernardo Ferreyra Grandet, Francisco Garnica, Carlos Alberto Morales. Pedro Vásquez murió de la manera más tonta: se perdió en un cerco y llegó a dormir *a una casa de un tipo que era informante del ejército. El ejército comienza a lanzar campañas de "cerco y aniquilamiento" y ahí nosotros notamos el primer defecto nuestro y es que en la periferia, como en Urabá, no se hace ningún trabajo efectivo. Sólo hasta finales de los 70 se toma la determinación de ir a hacer un trabajo importante a la periferia. Ahí empezamos a deslindar conceptos: en el área interna una guerrilla local conformada por hombres que laboran el campo cotidianamente pero que se preparan militarmente para resistir los cercos y una guerrilla más profesional para desplazarse a la periferia. Por esa época, mirábamos el trabajo sindical y estudiantil más como un apoyo logístico y político al frente militar que como un primer paso hacia un movimiento social en las grandes ciudades. En esa primera fase, Lleras envió a María Elena de Crovo, que estuvo hablando con nosotros con un mensaje para que desistiéramos del proyecto. Propuesta que rechazamos.*[8]

Un año antes, el 4 de julio de 1964, el grupo de estudiantes que en Cuba conformaban la Brigada Pro Liberación José Antonio Galán, había fundado

---

8 ENTREVISTA con Mario Agudelo excomandante guerrillero del EPL. Desmovilizado.

el Ejército de Liberación Nacional, en un viejo rancho de propiedad del "Capitán Parmenio", en la Serranía de San Lucas, sur de Bolívar. Y el 21 del mismo mes, la Conferencia del Bloque Sur, que agrupaba a las autodefensas del Sur del Tolima y el Sumapaz, en Cundinamarca, orientadas por el Partido Comunista, expidieron el Programa Agrario de los Guerrilleros, como respuesta a la ofensiva militar del gobierno contra lo que se llamó la República Independiente de Marquetalia.

El 7 de enero de 1965, el Ejército de Liberación Nacional, ELN, se presentó en sociedad emboscando una patrulla del ejército en Simacota, Santander. Simultáneamente, un grupo de guerrilleros pertenecientes al IV Frente de las organizaciones guerrilleras manejadas por el Partido Comunista se desplazó a Urabá para crear el V Frente de lo que el año siguiente se conocería como las FARC.

Pero en Urabá, el que empezó pisando más fuerte fue el EPL. En el aspecto político, el hecho más significativo para la historia de la región fue la conformación de la primera unidad guerrillera del Ejército Popular de Liberación, EPL, el 17 de diciembre de 1965, en los Llanos del Tigre, Alto Sinú, zona aledaña a las poblaciones de Tierra Alta, Valencia y Saiza, al mando de Pedro Vásquez Rendón y Francisco Caraballo, que entró a operar en 1966.

Lo puntualiza el jefe del EPL antes citado:

En esa fase inicial que duró hasta 19721973, el EPL pelea con el ejército, pero sólo cuando el ejército aparece en la zona. El EPL no salía. Sólo hubo algunas acciones importantes como cuando se bajó a Montelíbano y se atacó a un grupo de policías. El resto, como era el ejército el que entraba a la zona, la gente se preparaba sólo para resistir. Así nos mantuvimos hasta 1972.

Nuestro aprendizaje militar estuvo caracterizado por el empirismo. No había conceptos estratégicos o de escuela militar. Por eso en la primera etapa un tipo clave fue Julio Guerra, que era de allá y era un guerrillero de experiencia. Bajaba incluso hasta el suroeste, a Urrao. Era muy conocido. En la primera fase, lo que hizo la gente desde el punto de vista militar fue aprender de Julio Guerra, de David Manco y de David Borrás González y de toda la gente que andaba con ellos, por lo que el peso de la dirección militar concreta, se les dio a ellos. Por tanto, inicialmente, copiamos el modelo de la guerrilla liberal que enseñaban estos hombres, que tenían tradición y habían combatido un buen tiempo durante la Violencia. Queríamos desarrollar la lucha armada pero carecíamos de conceptos claros. Queríamos no ser foquistas, vincularnos a la población, apoyar la población, es decir, conceptos políticos muy generales pero sin fundamentos de estrategia militar. Además de nuestros débiles conceptos militares, el armamento era muy rudimentario. Si había dos carabinas, era mucho. Muchos hombres iban desarmados, y de explosivos no sabíamos nada. Esto se vive de finales de 1967 hasta 1972, sin cambiar nada. Los costos fueron enormes, porque los principales hombres murieron muy fácilmente. La muerte de Pedro Vásquez demostró una falta enorme de capacidad militar. Si hubiese tenido una mínima capacitación, no lo matan. Fernando Ferreyra también cayó muy fácilmente. Fueron hombres que entraron a comandar sin estar preparados para ello. Se pensaba que como la lucha armada era lo principal, los líderes fundamentalmente tenían que ir a combatir y caían muy fácilmente en los combates por la falta de preparación. Se aplicaba muy mecánicamente el concepto de que la lucha armada era lo fundamental, entonces, si resultaba un buen dirigente sindical, inmediatamente lo sacaban de la ciudad y lo mandaban al monte a combatir.

Nuestra formación militar era muy precaria, porque el concepto que primaba era el de resistencia al ejército. No había planteamientos estratégicos ofensivos. A pesar de que se planteaban desde el punto de vista ideológico y político, en la práctica no se daban. No había la mentalidad. Esta falta de estrategias claras no permitía la formación de destacamentos o la capacitación de mandos medios. Los conceptos para el reclutamiento eran muy limitados. Para ingresar al EPL había que cumplir enormes requisitos. Entonces se iba formando un guerrillero que conocía bien el terreno, que iba bien con la gente, pero que hacia fuera no hacía nada.[9]

Entre tanto, la Segunda Conferencia Nacional Guerrillera creaba oficialmente las Fuerzas Armadas Revolucionarias de Colombia, FARC, agrupando a todas las organizaciones insurgentes que estaban bajo el mando del Partido Comunista. Meses antes, el presidente Lleras Restrepo había inaugurado en Urabá las nuevas instalaciones de COLDESA, otro proyecto agroindustrial, de origen holandés, dedicado al cultivo y explotación industrial de la palma africana.

Continúa el testimonio del antiguo jefe del EPL:

---

9 Ibid.

Mientras nosotros conformamos el EPL, se conformó también el V Frente de las FARC con gente que quedó como rezago de la Violencia en el occidente antioqueño y en el sur de Urabá.

Había algunos líderes guerrilleros autónomos, como "Mágico", un guerrillero famoso a quien mataron en la década del 80. Incluso el viejo Efraín, actual comandante del V Frente, viene de la época de la Violencia. Es un veterano que tiene ya más de 60 años. Llegó gente traída de otras regiones y cuadros del Partido Comunista y de la Juventud Comunista. Uno de ellos fue Bernardo Gutiérrez, cuadro de la Juventud Comunista en la Universidad de Medellín y que fue destinado al V Frente y más tarde se pasó al EPL. El mismo caso se dio con el comandante Alberto, cuadro de la ciudad también integrado a la guerrilla. Unos operaban por el sur y otros por la parte de arriba, en el triángulo Necoclí, Turbo y San Pedro.

Las FARC tenían un concepto más moderno de guerrilla que nosotros, operaban en zonas más neurálgicas y transitaban ya por partes destapadas. El trabajo del Partido Comunista en las áreas urbanas les permitió un mayor crecimiento. Caso concreto, Currulao, de donde salió mucha gente para integrar el V Frente. A partir de ese trabajo de Currulao, ellos pudieron ocupar Nueva Antioquia y toda la parte de arriba. Es decir, hubo el precedente de un trabajo del Partido Comunista que permitió un crecimiento de las filas de las FARC. A su vez, la presencia militar les fue permitiendo la consolidación política en las áreas rurales. Con los años fue al revés: fue el V Frente el que posibilitó y mantuvo la presencia política del Partido Comunista. Era en los centros de mayor poder político del Partido Comunista donde había más presencia militar de las FARC. En las elecciones, la votación del Partido Comunista la ponían las FARC.

La aparición del EPL no fue bien vista por el Partido Comunista, primero por las divergencias que había en el campo comunista internacional entre China y la Unión Soviética y segundo, porque el Partido Comunista manejaba un concepto hegemónico en su trabajo. Empezaron a descalificarnos ideológicamente, acusándonos de sectarios, de ser de extrema izquierda, de no entender la realidad del país. Es más, a la ANUC del área de Turbo la liquidaron las FARC cuando *sus directivos se negaron a caminarles. Los que no fueron asesinados tuvieron que salir desterrados. Para el Partido Comunista, todo lo que olía a un comportamiento distinto, así fuera de izquierda, sufría las consecuencias de la persecución violenta. Como no tenían argumentos ideológicos para descalificarnos, entonces decían que éramos agentes de la CIA o de la Defensa Civil y no había otra salida que acabarnos. Hubo una primera etapa donde se dio un rechazo del Partido Comunista a la presencia nuestra en Urabá, pero luego se volvió violenta, cuando empezamos a pisar áreas de las FARC. Incluso yo creo que parte del proceso de rompimiento en las FARC tuvo que ver con la persecución que adelantaban contra nosotros.*[10]

Cuando Apartadó surge a la vida política, en 1968, en sus primeras elecciones al Concejo resultaron elegidos un conservador, don Néstor Hernández, quien lo presidió, los liberales Iván Garcés, Pedro Vicente Holguín, José Ruiz Franco y "Marjota", y tres miembros del Partido Comunista, camuflados como MRL del Pueblo. Eran ellos Israel Quintero, Ernesto Cartagena y Adolfo Arteaga.

Además, SINTRABANANO se reactivó bajo la orientación de Nelson Campos, dirigente del

---

10 Ibid.

Partido Comunista y elegido dos décadas después alcalde de Apartadó por la Unión Patriótica. Campos estuvo vinculado a la matanza del barrio La Chinita y fue detenido por la Fiscalía General de la Nación. SINTRABANANO operó inicialmente en las fincas Los Bongos, Los Cedros, California, La Sierra y La Chinita.

NACE UNIBAN

Durante el segundo año bananero, se exportaron 94.100 toneladas, equivalentes a 5.187.000 cajas de 18,4 kilogramos, en 11.400 hectáreas, con una productividad de 457 cajas por hectárea-año, el doble del año anterior.

Dicha producción significó el 37,12% de las exportaciones colombianas de banano, que fueron de 253.500 toneladas, un 6,19% de las exportaciones del mundo, que totalizaron 4.097.000 toneladas. Urabá ya participaba en el mercado mundial con el 2,29%. Las cifras indican el rápido desarrollo del cultivo en Urabá y la declinación de la zona bananera del Magdalena.

En apenas un año, el área bananera de Urabá creció 90%, natural en un cultivo en expansión, las exportaciones se cuadruplicaron, la productividad se dobló y la participación en el mercado mundial pasó del 0,51% al 1,8% y más tarde al 2,29%[11]. Un buen balance, para un gremio que apenas comenzaba y estaba aprendiendo el negocio.

El siguiente año, 1966, va a ser de enorme trascendencia, pues, cansados de la manipulación y los abusos de la Frutera de Sevilla, un grupo de productores, de los organizados en AUGURA, se decidió a crear UNIBAN para comercializar el banano en forma independiente, previendo las mayores dificultades que se irían a presentar con la multinacional y la conclusión de los contratos que los ligaban a ella.

Si bien era inicialmente una operación ligada a la organización gremial, la iniciativa indicaba claramente una gran visión estratégica por parte de quienes la promovían. Eran cada vez más insoportables los abusos de la Frutera de Sevilla, el manejo amañado de los contratos y las absurdas exigencias de calidad, todo para manipular a su arbitrio las compras, con cuantiosos perjuicios para los productores. No quedó más opción que la independencia.

Los productores habían asimilado las exigencias culturales del cultivo, las prácticas de empaque y transporte de la fruta, y empleaban para exportar

---

11 ESTADISTICAS. En: Carta Informativa: Órgano de difusión de AUGURA. No.5 (dic./1993). p. 2627. ISSN 01205706-

la fruta la caja de cartón. Habían sido cambios necesarios en el desarrollo de la agroindustria, pero la Frutera de Sevilla los exageraba de acuerdo con sus conveniencias, según fuera mayor o menor la oferta de las miles de hectáreas en producción que la empresa mantenía en Centroamérica.

UNIBAN comenzó a exportar en 1969. Al hecho no se le ha dado la trascendencia que merece, pues era la primera vez en el mundo bananero que se adelantaban pasos en concreto para disputar con las multinacionales United Fruit Co., Standard Fruit Co. y Del Monte, que controlaban férreamente la comercialización universal de la fruta. Fue un acontecimiento que rompió en dos la historia y la tradición bananera mundial, pues era la primera vez que una empresa nacional se atrevía a disputarles los mercados en sus propios territorios, pasando de la fase de productores, en la que estaban todos los países, a la de comercializadores, en un palenque dominado ciento por ciento por las multinacionales.

Si bien debe reconocerse que la producción bananera en Urabá existe gracias al interés que la UNITED puso transitoriamente en el cultivo, UNIBAN no solo fue el puente que evitó la muerte de la producción bananera en Colombia, sino que trascendió la división internacional del trabajo impuesto por las multinacionales. Fue, en resumen, un ejemplo de soberanía económica para los demás países productores del mundo. UNIBAN, a pesar de sus vicisitudes, conflictos y altibajos, no ha recibido aún en los estudios económicos el reconocimiento que merece.

La crónica, de boca de uno de los fundadores, es bien interesante:

La fundación de UNIBAN reviste una importancia tan enorme, tan grande, que yo creo que ni los mismos promotores de UNIBAN, en particular don Juan Restrepo Londoño, presidente de AUGURA, y don Norman Echavarría fueron conscientes sobre el alcance de su idea. UNIBAN nació en la boca de la tumba, porque la zona bananera fue diseñada para que viviera un corto tiempo y porque UNIBAN no tenía ni una lancha para trabajar y casi ninguna capacidad comercializadora en el exterior. Es más, los productores tampoco eran bien conscientes del carácter transitorio del cultivo que desde el principio le había impreso la multinacional. Había una actitud imperialista de la Frutera en todos los sentidos; el hecho de que se sembraran 10.000 hectáreas de banano con el apoyo económico y técnico de la compañía, en una región donde no había puerto, y todavía no lo hay, y donde la infraestructura general, me refiero a los canales por donde los remolcadores sacan la fruta al mar, son de propiedad de la Frutera, indica que la producción se hallaba totalmente cautiva. De la férula de la compañía era imposible liberarse. Y UNIBAN le sale adelante sin nada, sin siquiera un remolcador para sacar la fruta. Fue una decisión de los productores nacionales rayana en el heroísmo. UNIBAN tuvo incluso que acudir al gobierno para que la Frutera de Sevilla facilitara la infraestructura de embarque, porque la compañía gringa se negaba a facilitarlos. UNIBAN fue el instrumento que posibilitó que la actividad bananera continuara en el país.

Había un fenómeno de sobreexplotación de la compañía sobre los productores. Había que pagar sobornos, con la anuencia de la cúpula de la Frutera, para que dejase exportar. La situación de algunos era tan desesperada respecto a la Frutera, que muchos se pasaban a UNIBAN sin siquiera vencerse el contrato. Además de la violación del contrato, de los no pedidos, de las altas exigencias de calidad, de los rechazos de la fruta, tenían que soportar el tratamiento despótico y humillante de los funcionarios de la Frutera, como si los productores, los administradores o los trabajadores fueran esclavos de ellos. Míster Hobbard, el primer gerente de la Frutera en Urabá, era un gringo repulsivo y temperamental. Tan despótica era su manera de ser, su figura, su imagen, que, en pocas palabras, la sola mirada provocaba repulsa. Le contestaba un discurso de uno con un sí o un no, y uno seguía explicando con todas las razones del mundo y él volvía y decía no. Después hubo otros gerentes como un costarricense, el señor Jorge Ash, que estuvo muy poco tiempo en Urabá, un hombre culto, de buenas maneras, y que incluso fue candidato presidencial en su país, todo un príncipe, en suma, pero en el fondo más déspota que Míster Hobbard.

La idea acabó pegando. Tanto, que algunos bananeros costeños, pronorteamericanos y todos con excelentes relaciones con los gerentes de la Frutera, que sentían desconfianza ante el regionalismo antioqueño, por discriminación que les pudieran hacer los nativos, y lo decían abiertamente, decidieron pasarse a UNIBAN. ¡Cómo sería el trato que recibían de la compañía! Todo el mundo estaba harto de los malos tratos y se lanzaron a fundar una comercializadora internacional, aun con todos los riesgos que implicaba dar un paso adelante. Parecía un sueño de muchachos. Nadie sabía la magnitud de la tarea. No de otro modo se explica la creación de UNIBAN. Hay que reconocer que aquello fue posible gracias a los antioqueños, con don Juan Guillermo Restrepo a la cabeza, exministro, expresidente de Avianca y presidente de AUGURA, tal vez por su visión empresarial, muy superior a la del promedio de los bananeros.

¿Fue fácil? No, desde luego. Le iba tan mal a UNIBAN en un comienzo, por las dificultades para exportar, que muchos bananeros volvieron a trabajar con la Frutera, incluso en peores condiciones de las tenían antes de salir y con el precio de compra rebajado. Nadie creía en UNIBAN. Le gente hacía un cálculo: usted entra a UNIBAN y se quiebra en seis meses. A pesar de todo, la idea prosperó.

Como ya se había detectado el Mal de Panamá en el Gros Michel de Urabá, don Norman Echavarría y don Javier Sanín, en 1969, dieron otro paso no menos audaz y promovieron el cambio a Cavendish, aprovechando la caída de cientos de hectáreas del cultivo ocasionada por los vientos. Durante ese año, con solo medias *fincas en producción, por el viento y por el cambio de variedad, ganamos $1.700.000. Pero al siguiente año, vino la destorcida, con todo y la excelente producción, ya recuperados de los vientos y hecho el cambio de variedad. Perdimos $ 450.000. ¿Por qué? Muy sencillo, porque UNIBAN carecía de capacidad exportadora.*

Lo anterior demuestra lo difícil que fue para UNIBAN y sus productores asociados el arranque como empresa comercializadora de banano. Las pérdidas iniciales fueron cuantiosísimas y estuvimos en posición de quiebra muchísimas veces, lo que se reflejó en los ingresos de los trabajadores. Ningún productor logró exportar la totalidad de la fruta disponible.

Quiero en síntesis destacar que el arranque fue heroico. Se salió adelante a punta de fe y de voluntad. Mucha gente lo empeñó todo por salvar a UNIBAN[12].

Preocupados por la realidad y perspectivas del negocio, el gremio decidió realizar el I Congreso Nacional de Bananeros en 1966. Se estudió un informe del Instituto Latinoamericano de Mercadeo

---

12 Entrevista con el Dr. Guillermo Gaviria Echeverry, fundador de UNIBAN.

Agrícola, ILMA[13], según el cual, la decisión de la Comunidad Económica Europea de colocar un arancel común del 20% se erigía como el mayor obstáculo para un desarrollo satisfactorio de la actividad. Se vio, además, que el futuro del negocio en Europa dependía de que Alemania, el principal comprador, mantuviera sus importaciones de banano libres de aranceles. Recomendaba el ILMA transportar en cajas de cartón, como una exigencia impostergable del mercado internacional.

No esperaba el Congreso un aumento significativo del consumo de banano a escala mundial, pero sí una baja en los precios, pues mientras que la demanda crecía al 3% anual, la oferta lo hacía al doble, al 6%. Los productores expresaron su preocupación por la expansión del Mal de Panamá en la zona del Magdalena, donde ya había 1.500 hectáreas infestadas y recomendaron mirar las tierras aledañas a Tumaco, a fin de estudiar la posibilidad de impulsar allí una nueva zona bananera. Efectivamente, meses más tarde, la Frutera de Sevilla decidió retirarse del Magdalena.

Finalmente, el Congreso solicitó al gobierno impulsar una diversificación de cultivos en Urabá y oponerse a un pacto mundial de cuotas, pues

---

13 ACUERDOS internacionales, regulación de importación y política en los principales mercados europeos que afectan el mercado colombiano de exportación bananera. En: Carta Informativa: Órgano de difusión de AUGURA. No. 16 (ene./1966). p. 2736.

consideraban, quizá erróneamente, que atentaba contra el libre comercio, indispensable, según ellos, para el desarrollo progresivo de la actividad.

En 1966, el año en el que Carlos Lleras Restrepo subió a la Presidencia, los ingresos de un productor, en datos del colombianista James Parsons[14], fueron de USD 2.000 por hectáreaaño, mientras que los egresos alcanzaron los USD 1.000 a 1.300, con una utilidad promedio de USD 700 a 1.000 por hectáreaaño. La zona de Urabá produjo 230.000 toneladas, es decir, ya el 74,24% de las exportaciones colombianas de banano y el 4,3% de las mundiales. El área sembrada alcanzó las 14.500 hectáreas con una productividad de 880 cajas por hectáreaaño.

Había razones para celebrar, a pesar de los no muy buenos presagios que preveía el I Congreso Nacional de Bananeros. Contagiado del optimismo, Apartadó organizó con mucho jolgorio la Primera Fiesta del Banano.

---

14 PARSONS, James. Urabá: salida de Antioquia al mar. Geografía e historia de la colonización. Medellín: Banco de la República y Corporación Regional de Desarrollo de Urabá. 164 p.

EL PRIMER EMBARQUE DE UNIBAN

Como ya se explicó arriba, 1969 fue un año de particular trascendencia en el mundo bananero por la realización del primer embarque de UNIBAN como comercializadora internacional independiente.

Lo narra así un exfuncionario de UNIBAN:

Yo llegué a Urabá en febrero de 1968 para trabajar con UNIBAN. La situación en las fincas y en los embarcaderos era complicada por las prácticas corruptas que habían hecho carrera en la Frutera. El soborno era una práctica generalizada y aceptada por la UNITED. Había inspectores en los embarcaderos que hacían parte de la nómina de las fincas y siempre había faltantes de fruta en los barcos, después que supuestamente se había contabilizado más en los embarcaderos. UNIBAN se propuso desde un comienzo extinguir la corrupción y darle más manejo técnico a los procesos, para lo cual se contrató especialmente a agrónomos, algunos de los cuales procedían de la Frutera. Para controlar los faltantes de fruta se inventó el sello circular y se contaba en el embarcadero, se recontaba en los planos y las culatas de los bongos y se contrachequeaba en los barcos, lo cual nos acarreó muchísimas enemistades y amenazas, pero se logró superar esos problemas que en Frutera casi no tenían solución.

Se trabajaba muy duro pues había una gran compenetración con el compromiso y la tarea de sacar a UNIBAN adelante. La jornada comenzaba a las cuatro de la mañana y perfectamente podía acabar a las dos de la madrugada del otro día. Había que vencer muchos obstáculos, malas carreteras, puentes caídos, remolcadores varados, el barco no llegaba, en fin, mil dificultades, pero se salía adelante a pesar de la actitud de la Frutera de obstaculizar: nunca había embarcadero disponible, nos alquilaban los equipos malos, los bongos en pésimo estado, en fin, trabas que en vez de amilanarnos, generaban entre todos los que trabajábamos con UNIBAN un gran sentimiento de solidaridad para salir adelante.

Los embarques eran nuestro principal cuello de botella, porque UNIBAN carecía de todo. Ahí crecía la animadversión contra Míster Hobbard. Además, porque del préstamo de los equipos de la Frutera, dependía la supervivencia de UNIBAN, y él siempre nos hacía trastadas sin quedar en evidencia. Cuando todos los camiones estaban listos con la fruta, resulta que no había bongos. Y si mandaban un bongo, estaba haciendo agua. Un bongo en buenas condiciones carga entre siete y ocho mil cajas en las cuatro culatas, un bongo haciendo agua reduce su capacidad a la mitad y nos doblaba el trabajo. Teníamos que viajar instalando hasta tres motobombas, sacándole agua al bongo para impedir que se hundiera. Cuando había embarque, los administradores de las fincas nos facilitaban hombres, tractores y hasta ellos mismos se ponían a cargar cajas.

Un embarque era una operación complicada, porque había que coordinar muchas actividades, empresas o instituciones diferentes: tener la fruta vendida de antemano, disponer el transporte marítimo, acordar el transporte fluvial, cuadrar con el sindicato de braceros el cargue de los barcos, transportar a los trabajadores a los distintos puntos del embarque, acondicionar un casino para la alimentación, organizar a la aduana, alistar todo con la agencia marítima, y, finalmente, informar oportunamente a las fincas para el corte de fruta y el transporte a los embarcaderos. Era algo complejo que tenía que funcionar como un reloj, porque el banano apenas dura fresco 36 horas después de cortado, y en seguida comienza a madurarse y el embarque se pierde. A veces teníamos de seis a ocho barcos cargando simultáneamente. Los braceros duraban a veces cuatro y cinco días trabajando día y noche, en muchas ocasiones con el agua y la comida agotadas. Sólo los negros eran capaces de resistir este trabajo, los blancos no. Se puede decir que los chocoanos se han cargado al hombro miles de veces a Urabá.

Las malas perspectivas de los productores con la Frutera los habían obligado a crear a UNIBAN. Pero el conflicto estaba vivo. Las alternativas con ella eran dos: si los productores no firmaban un nuevo contrato, se quebraban al otro día. Si firmaban, se quebraban en cuatro meses.

Los mayores promotores de la empresa fueron Mario de J. Uribe, quien fue su primer gerente, Guillermo Echavarría, Guillermo Gaviria, Óscar Baquero y un señor de apellido Restrepo. Jaime Arango Tamayo era el gestor de la organización. En Apartadó, UNIBAN funcionaba en Transbanano, donde se parqueaban los camiones Barreiro, que llevaban el banano a los embarcaderos. Pero, hablando en plata blanca, UNIBAN existía más en el papel que en la realidad. UNIBAN era un escritorio en una ramada con una casa y un cárcamo para hacer mantenimiento a tres viejos Land Rover.

El día del primer embarque de UNIBAN, el 9 de abril de 1969, era la primera vez que yo conocía un barco por dentro. Era el Electron, con capacidad para 14.000 cajas y lo enviamos con 12.300. Habíamos traído un señor ecuatoriano, don Luis Ruiz, experto en estiba de barcos bananeros. El señor estaba acostumbrado al cargue con todas las condiciones óptimas en puerto, pero para las condiciones en que íbamos a hacerlo, improvisando todo, por ser el primer embarque, don Luis no tenía la cancha necesaria. Sin ninguna experiencia, aprendiendo sobre la marcha, despachamos la primera exportación. Duramos 85 horas, cuatro días cargándolo, cuando la fruta cortada no puede pasar de 36 horas sin refrigerar. No había agua, no había comida. Nos salvó que el banano se iba madurando y nosotros nos alimentábamos con él. Ese embarque fue un tremendo fracaso porque llegó maduro. Si aquí lo embarcamos maduro, cómo llegaría allá, como un mazacote. Pero hicimos el embarque. Era el primero, como un reto, como una prueba y no podíamos dejar esas cajas en Urabá.

Al terminar el embarque tipo una o dos de la mañana del cuarto día, nos encontramos con que no teníamos transporte para UNIBAN y nos tocó subirnos a una lanchita que iba para Turbo. Yo iba con dos muchachos que nos habían ayudado, uno de ellos de apellido Piedrahíta. Nos sentamos en una banca del parque a esperar a que amaneciera, cansados, con hambre, con sueño. A esa hora no había nada en Turbo, ni transporte. Piedrahíta me dijo entonces: "Aquí hay un supervisor que es amigo mío, Gustavo Atehortúa, hijo de don Guillermo Atehortúa", un administrador de una finca de banano. Como llevábamos más de dos horas sentados en esa banca, nos fuimos a buscarlo a las cuatro de la mañana, a pedirle el favor de que nos prestara un carro para llegar a UNIBAN. El señor se levantó, me le presenté y le pedí el favor. Él tenía un Nissan viejo, cargado con maíz, y me respondió que me prestaba el carro, pero si descargaba el maíz. Así lo hicimos. Arrancamos con el carro y nos varamos llegando a Currulao cerca de Pradomar, donde trabajaba don Guillermo. Ya eran las seis de la mañana. Llegamos a la finca y le dije: "Mande por el carro y présteme otro para llegar a UNIBAN". Llegamos ya a UNIBAN cogidos del día. Pero lo peor era tener que llamar al doctor Baquero a contarle que todo el banano se había ido maduro.

Esas primeras cajas se le enviaron a Banana Supley, nuestro primer cliente. En el segundo embarque se le despacharon 15.000 cajas a Parker. La fruta de estos primeros embarques se recogió en unas 40 fincas a las que se les había vencido los contratos a comienzos de marzo y la tenían represada de un mes.

El primer embarque fue el fruto de cinco años de trabajo arduo, pues uno tenía que estar parado a las cuatro de la mañana y se acostaba a la una o dos de la mañana del otro día. Era muy duro, el doctor Baquero bregando a vender esa fruta y esa fruta de para atrás, de para atrás. Tratábamos de hacer prestigio afuera y aun así, no vendíamos la fruta o debíamos feriarla más *barata. El sello no estaba acreditado. El torpedeo comercial de la misma UNITED y de las demás multinacionales, a las que no les convenía que UNIBAN existiera y que vendían fruta de mejor calidad y a menor precio, era enorme. En esas condiciones, UNIBAN estuvo perdiendo plata muchos años.*

En suma, el nacimiento de UNIBAN fue un parto terrible. Se perdió mucha fruta y mucha plata. Había momentos en que teníamos que dejar acá toda la fruta y lo peor, sin poder pagarles a los productores. En medio de esa crisis tan terrible, UNITED cambió algunas políticas y tuvimos una desbandada de productores nuestros que se regresaron a la Frutera y nos dejaron en muy mala posición cuando apenas empezábamos a crecer[15].

Al finalizar el año UNIBAN había exportado 1.500.000 cajas de las 12.910.000 cajas exportadas por Urabá, por un valor de USD 1.649.398.

Frutera acaparaba el 88,3% de las exportaciones y le dejaba a UNIBAN apenas el 11,7%. Colombia exportó por entonces 18.439.911 cajas, equivalentes al 5,69% del mercado mundial. UNIBAN tuvo una participación del 0,46%.

---

15 Entrevista a Oscar Ochoa, exempleado de UNIBAN y productor bananero.

El total del área cultivada en banano, en Urabá, alcanzó las 18.950 hectáreas, para una productividad de 853 cajas. Al culminar esta etapa y el primer quinquenio de producción, el área sembrada se había triplicado y las exportaciones crecieron en 1.009%, reflejo del buen aprendizaje, manifiesta en la productividad, que pasó de 215 cajas por hectáreaaño a 853. De una participación en el mercado mundial del 3,8% en 1964, se pasó a 5,69%, a pesar de la notoria declinación de la zona Bananera del Magdalena[16].

A pesar de todo, el banano continuaba siendo un muy excelente negocio. Se trabajaba duro y se vivía intensamente.

Lo atestigua un productor bananero:

> *Cuando se inicia en firme la producción bananera, definitivamente el negocio prospera a toda marcha. Se construyen fincas con casas excelentes, aunque no lujosas, y la gente empieza a disfrutar de enormes ingresos. Se hicieron fiestas con comida preparada en el Hotel Nutibara y llevada en avión, con meseros y todo. Recuerdo de una fiesta de disfraces, donde estaban invitados productores residentes en la zona o que pasaban la mayor parte*

---

16 ESTADISTICAS. En: Carta Informativa: Órgano de difusión de AUGURA. No.5 (dic./1993). p. 2627.

del tiempo en la zona y funcionarios de la Frutera, incluyendo al segundo gerente, Míster Taylor, que pasaba la mayor parte del tiempo en Panamá, porque allí era también gerente de una de las divisiones panameñas. Al míster no le gustaba la soda colombiana porque decía que tenía mal sabor. En medio de la fiesta se acabó la soda y mandó a su piloto privado, Gustavo Peñaloza, en el avión de la gerencia de Frutera a que le trajera soda norteamericana.

En la Frutera se daban cosas insólitas. Había excentricidades increíbles: un subgerente de apellido Fercho se hizo construir una cancha de golf al lado del aeropuerto, donde sólo jugaba él, porque nadie sabía jugar en Urabá.

Recién llegado yo a la zona, Alejandro Cajal hizo una fiesta, tal vez para un 25 de diciembre, con comida, whisky, ginebra y meseros llevados de Medellín, una fiesta atendida como se pudo haber atendido en el mejor lugar de Colombia, muy elegante. Todavía la zona vivía tranquila y los productores, los administradores de fincas y los empleados procurábamos hacer la vida amable en medio de la selva.

La zona era muy tranquila. Yo viajaba con mi mujer entre 15 y 20 kilómetros en la noche, *por carretera destapada, para ir a una fiesta, o a visitar amigos a otra finca, y jamás nos pasó nada qué lamentar[17].*

No sólo se parrandeaba en las casas y en el club de la Frutera. Se fundaron los primeros grilles de postín:

El Grill Santamaría ya existía, pero todo el pueblo era un puteadero, como ocurría en todos los pueblos de Urabá. La mayoría de los grilles eran de mala muerte. La Calle Larga, la de la Policía y la siguiente y de ahí para arriba eran puras cantinas y puteaderos. Ahí se concentraban los trabajadores a beber, a parrandear y a putear. Pero el Santamaría era un local exclusivo, costoso. Recuerdo que la primera vez que fui al Santamaría, me quedé sorprendido, en primer lugar, porque era un sábado común y corriente y había una orquesta completa. No se estaba bailando con tocadiscos ni con traganíquel, sino con buena orquesta, con músicos de carne y hueso, con trompetas, saxofón, maracas, toda la vaina, y hasta piano. Yo pregunté: "¿Y esta vaina qué es?" Los dueños habían traído en avión una orquesta de Medellín.

Uno se encontraba allí con productores de banano, unos conocidos, otros no, cada

---

17 Entrevista a Enrique Molinares Dugand. Productor bananero.

uno con su carro parqueado afuera, a administradores de fincas, a funcionarios de la Frutera, incluidos los gringos, tomando trago. Y no aguardiente, sino whisky estampillado, otra de las cosas que a mí me llamaron muchísimo la atención, que en una zona donde ya rumbaba el contrabando se bebiera whisky estampillado.

En el Santamaría rotaban a las putas con relativa frecuencia y en fechas especiales, o en los diciembres, llegaban remesas de putas por uno o dos días. Por ejemplo, una fiesta tradicional era la del 20 de julio, que los gringos celebraban con baile y orquesta. Nosotros llevábamos a nuestras señoras, pero la fiesta se acababa rápido y todo el mundo quedaba picado. Entonces la gente llevaba a la señora a la finca y a las nueve de la noche nos encontrábamos en el Santamaría, con las putas que habían llegado para aquella ocasión. Putas de Medellín, de Cali, de Pereira. Alguna vez estaba yo en el aeropuerto de Chigorodó y vi bajar de un DC3 de Cesnica como a veinte putas para un fin de semana. Eso sucedía. Las mujeres iban en busca de plata, porque en Urabá había plata. Algunas de esas putas se quedaron a vivir en la zona y se organizaron con hombres de la región. Sucedía con frecuencia. A veces llegaban en buses. Si hoy es una odisea viajar en bus a Urabá, cómo sería en esa época, y llegaban buses enteros de putas. Hubo dos que se quedaron a vivir en Urabá, la una muy bonita, la otra no tanto, pero se salieron muy rápido del Santamaría. Las llamaban "las pereiranas" y se hicieron muy amigas de algunos finqueros.

A mí el primer paludismo me dio recién llegado, durante unas fiestas de navidad. Yo vivía en mi finca y me sentí tan mal que le pedí al chofer que me llevara al hospital de Turbo. El médico me recibió, me formuló y me dejó hospitalizado. Al otro día por la tarde, me asomé a la puerta del hospital. Vi que estaban en plena rumba por la navidad. Yo me sentí un poco mejor y resolví que era el momento de regresarme a la finca. Entonces les pedí el favor a algunos administradores que alcancé a ver por ahí de que me llevaran a la finca al otro día. Me recogieron por la mañana y se volvieron a perder durante el día y por la noche llegaron cada uno con su vieja y una para mí. Yo estaba tirado en una hamaca todavía con fiebre, cuando de pronto me tiraron una vieja desnuda como quien tira una gallina en un gallinero.

Había un productor, don Richard, venido de Pereira, que armaba unas fiestas miedosas en la finca y se quedaba dormido borracho, en el tanque vacío de la empacadora. "Trapito" Navarro, otro productor, caminaba borracho por las calles de Apartadó en pantalones cortos, botas sin medias, sin camisa y con cananas y disparando su revólver en las esquinas. La policía lo seguía por las calles pidiéndole el favor de que se fuera a dormir. Tenía un proyector de películas y motivaba a sus trabajadores diciéndoles que a quien rindiera en el trabajo lo dejaba entrar a ver cine porno.

Una vez despachamos del Santamaría a un gringo de la Frutera completamente borracho y dormido y le dijimos al chofer que lo llevara al campamento de la Compañía. Se lo mandamos a la esposa a las tres de la mañana, pintorrejeado de colorete, con el calzón de una puta puesto en la cabeza y con unos aretes de fantasía.

Al Santamaría le puso después competencia El Gato Negro, en el mismo local donde ahora queda el Bienestar Familiar. El Gato Negro nunca alcanzó la relevancia del Santamaría, entre otras cosas porque mucha gente se había asentado en la zona,

> *tenía ya hijos más crecidos y no podía seguir en el papel tan descarado que tenía antes. Al principio éramos todos una especie de "machosolos" y podíamos hacer todas esas locuras[18].*

La contradicción fundamental y antagónica en esta primera etapa se presenta entre la multinacional United Fruit Co., conocida ya con el nombre de Compañía Frutera de Sevilla, y los productores colombianos.

La multinacional pensó en Urabá como un recurso transitorio para mantener abastecido el mercado mundial de banano, descompensado por las bajas ocasionadas por el Mal de Panamá en los cultivos de Gros Michel y mientras cambiaba a la Cavendish. Los productores nacionales, atraídos por el negocio, vieron la oportunidad de establecer una actividad económica permanente que les permitiese consolidar un capital importante. El interés transitorio de la multinacional chocaba con el interés permanente de los empresarios.

Como el mercado mundial bananero es un negocio controlado por solo tres multinacionales, la United Fruit Co., la Standard Fruit Co. y Del Monte, solo había una manera de resolver la contradicción, y era crecer en el negocio para salir a comercializar la fruta por aparte, independientemente de ellas.

---

18 Ibid.

Fue así como los bananeros colombianos crearon a UNIBAN.

La fundación de UNIBAN es, sin duda, hasta hoy, el hecho más trascendental de la historia bananera de Urabá, pues era la primera vez en el mundo bananero que los productores de un país débil rehusaban someterse a las exigencias de una multinacional y se organizaban para disputarle el mercado en su propio terreno, el de la comercialización. No había antecedentes de que empresarios bananeros superaran el marco estrecho que las multinacionales les asignaban en el negocio.

Es, en esencia, la misma lucha actual por la soberanía económica y el derecho de los países productores a obtener una mejor tajada del negocio. Hasta entonces, los países bananeros no eran más que productores sometidos a los precios que determinaran las multinacionales, para derivar ingresos, generalmente bajos, y generar actividades económicas básicas como el empleo y los servicios. UNIBAN salió al ruedo a someterse a los vaivenes del mercado y decidida a correr los riesgos implícitos a fin de consolidar su presencia en el mundo bananero.

Las multinacionales hicieron hasta lo imposible para asfixiarla en la cuna. Solo el tesón de un puñado de colombianos corajudos explica el desarrollo que

UNIBAN alcanzó a cobrar. UNIBAN marcó el camino para los países productores tercermundistas en la defensa del interés nacional. En última instancia, es una expresión de la lucha de los países sometidos frente a las imposiciones de los países imperiales.

Se dio también la contradicción entre patronos y trabajadores, no antagónica, pues el nivel de ingresos de un obrero era muy superior al que podían obtener en sus regiones de origen, particularmente Chocó y Córdoba, donde las fuentes de trabajo eran supremamente escasas.

El Estado apoyó muy poco el nuevo proceso productivo. Prácticamente, la zona bananera de Urabá fue hecha entre la UNITED, los empresarios nacionales y los trabajadores. Aun así, en reiteradas ocasiones, los productores le solicitaron al gobierno intervenir, sin lograr que sus diversas demandas fueran escuchadas.

La guerrilla era en la zona un fenómeno todavía incipiente, sin ninguna incidencia en la producción bananera.

Resuelta la contradicción principal con el nacimiento de UNIBAN y garantizada la continuidad del cultivo, el sector bananero se aprestó a enfrentar su segunda etapa, la de consolidación y desarrollo.

Segunda etapa

LA CONSOLIDACIÓN DEL CULTIVO Y LA CRISIS DE LA GUERRILLA

(1970-1982)

EL CAMBIO DE VARIEDAD

La segunda etapa del proceso de producción bananera en Urabá arranca en 1970, cuando se inicia en firme el cambio de variedad, y culmina en 1982, con la llegada al poder de Belisario Betancur. El marco general está determinado por la crisis energética que se vivió a escala mundial, el desaceleramiento de las tasas de crecimiento en los países desarrollados, principales consumidores de banano, junto con una disminución de sus tasas de crecimiento demográfico. La inflación en los países latinoamericanos aumentó considerablemente.

La contradicción principal de la actividad en Colombia se presenta entre la necesidad imperiosa de adelantar cambios estructurales y tecnológicos en el cultivo y la inminencia de salir del mercado por las nuevas realidades del comercio mundial.

La contradicción se resuelve inicialmente con el cambio de variedad, de Gros Michel a Cavendish. En el plano internacional, lo más significativo son los permanentes conflictos entre los productores latinoamericanos de banano y las multinacionales, que indujeron a crear, en 1974, la Unión de Países Exportadores de Banano (UPEB).

La zona bananera de Urabá había surgido como un puente abastecedor de fruta Gros Michel mientras la United Fruit completaba el cambio de variedad en sus plantaciones de Centroamérica, afectadas por el Mal de Panamá. La UNITED eligió la variedad Cavendish, más resistente a la enfermedad y con mejores niveles de productividad, lo que hacía irreversible el hecho de que finalmente el mercado mundial fuera abastecido casi exclusivamente con el nuevo producto.

Los bananeros colombianos, parte de ellos agrupados en UNIBAN y otros ligados por contratos a la Frutera de Sevilla, encontraron a finales de la década del sesenta que debían emprender como tarea inevitable el cambio de variedad, so pena de verse excluidos del negocio en el corto plazo. Pero cambiar de variedad no era tarea sencilla, pues no solo significaba tumbar las plantaciones en producción y volver a sembrarlas, de por sí un monumental esfuerzo, sino que la nueva variedad imponía distintas prácticas en el cultivo, manejo y transporte de la fruta, lo que triplicaba el esfuerzo que había que realizar.

El cultivo exigía mejores canales de drenaje, por lo que se tenían que ampliar los existentes. Por la delicadeza y productividad de la nueva fruta, el transporte del campo a la empacadora debía ser por cablevías, lo que implicaba tender nuevas redes en cada finca. La exportación en cajas era una nueva realidad como exigencia del mercado mundial, lo que obligaba a ampliar las empacadoras existentes y a construir nuevas bodegas para albergar los materiales necesarios. Los controles fitosanitarios para la variedad exigían mejores tanques de lavado y desinfección. El transporte de las cajas hacia los embarcaderos hacía imprescindibles carreteras en buen estado para garantizar un trato más adecuado para la fruta durante su recorrido, y se hacía también indispensable la energía eléctrica en cada finca, servicio público esencial que cada empresario se debía procurar por su cuenta, ya que no era prestado por el Estado, como tampoco el suministro de agua, por lo que hubo de construirse pozos profundos a lo largo y ancho de la región.

El cambio de variedad, en resumen, ocasionó la primera crisis económica del cultivo en Urabá, pues las necesidades financieras para llevar a cabo la tarea eran cuantiosas y muchos productores renunciaron al esfuerzo y vendieron sus fincas, pues no contaban con los recursos. Un productor ilustró la situación de entonces afirmando: "Los bananeros que sobrevivimos quedamos con los forros de los bolsillos volteados hacia fuera". [19]

Las alzas exorbitantes en el costo de los insumos llevaron a la Junta Directiva de AUGURA a afirmar: "Resulta verdaderamente lamentable que se pueda afirmar, con cierta razón, que quienes en realidad se lucran del cultivo del banano no son los productores sino los proveedores". [20]

AUGURA calculaba que en el resto de los países bananeros, estos costos eran 40% inferiores a los de Colombia. Ante esta dura realidad, la organización gremial inició gestiones ante el nuevo gobierno de Misael Pastrana Borrero a fin de obtener los créditos indispensables para continuar la actividad. Fueron gestiones infinitas, desgastantes y tediosas, como siempre ocurre con todas las que aspiran a promover la agricultura.

La Junta Directiva manifestó su descontento en marzo de 1971, por intermedio de su gerente, el doctor Óscar Baquero: "Lamentamos tener que declarar nuestra impotencia hasta el momento para obtener que los poderes públicos se decidan a comprobar su interés por la región, a través de

---

19 Entrevista con Enrique Molinares Dugand. Productor bananero.
20 EDITORIAL. En: Carta Informativa: Órgano de difusión de AUGURA. No. 34 (abr./1970). p. 5.

obras tangibles de cualquier índole, encaminadas a resolver los graves problemas de infraestructura que desde hace largo tiempo aquejan a Urabá". [21]

Finalmente, el 14 de enero de 1972, el Ministerio de Agricultura expidió la Resolución 0005, mediante la cual aprobaba líneas de crédito para el cambio de variedad por conducto del Fondo para Inversión Privada, a razón de $20.000 por hectárea, con un tope de un millón de pesos y 50 hectáreas por persona y con un plazo de 5 años. El pago sería por descuento del valor por caja exportada. El gobierno facultó a AUGURA para supervisar los préstamos. Con las leyes 1, 4 y 5 de 1973 y con la Resolución 59 de PROEXPO, se materializaron los créditos.

Ante el nuevo hecho, AUGURA citó en abril a asamblea general de afiliados, con el objeto de planificar el cambio masivo de variedad en los cultivos de UNIBAN, un objetivo estratégico. La asamblea aprobó reemplazar el 25% del cultivo para el segundo semestre de 1972 y otro 25% para el segundo semestre de 1973, a fin de tener en 1974 mitad del área en Cavendish y mitad en Gros Michel, en la lógica de preservar buenos niveles de producción mientras se cambiaba la variedad.

Al cambio de variedad de UNIBAN se sumaron otras acciones no menos importantes y que dejaron en

---

21 EDITORIAL. En: Carta Informativa: Órgano de difusión de AUGURA. No. 42 (mar./1971) p. 4

evidencia la gran visión estratégica que animaba a los dirigentes de la comercializadora nacional. En octubre de 1970, UNIBAN creó a Turbana Corporation, con sede en Miami, con el fin de ampliar aún más el mercadeo de la compañía, pues era de la mayor trascendencia superar el esquema adelantado hasta el momento de limitarse a enviar la fruta a los compradores tradicionales. Se buscó entonces llegar a más fuentes de distribución y venta que permitiesen evacuar la mayor disponibilidad de fruta que UNIBAN tenía en Urabá, pues ya exportaba el 84,6% de la producción, y mejorar su participación en el mercado.

Turbana fue la primera empresa agrícola de origen suramericano que se asentó en Estados Unidos con una organización propia de mercadeo. Su primer presidente fue el señor Guillermo Hernández, y su primer gerente de ventas, el norteamericano Jim Kelly. Turbana sería vital en los años venideros para la actividad comercializadora de UNIBAN, cuando consiguió al fin vender en Estados Unidos las dos terceras partes de la fruta producida por ella en Urabá.

De similar importancia fue la decisión tomada en 1971 de construir su propio astillero y disponer de su propio equipo fluvial y marino, con lo cual rompió el cordón umbilical que los unía a la UNITED, a la cual debía alquilar los equipos indispensables para la exportación. La multinacional era siempre una amenaza, como una espada de Damocles, pues podía manejar la operación a su antojo e incluso sabotear las exportaciones. El equipo, compuesto por 16 planchones de 280 toneladas cada uno, tres planchones como estaciones electromecánicas, dos remolcadores marinos de 240 HP, una lancha de pasajeros, 16 casetas para planchones con techo de aluminio, dos planchones tanqueros y cuatro remolcadores, fue inaugurado con mucha pompa el 2 de febrero de 1974 por el presidente Misael Pastrana Borrero.

El equipo venía operando desde 1972 y para el día de su inauguración ya había hecho 1.093 embarques. UNIBAN adquirió además los aeropuertos de Los Cedros y Villanueva para la fumigación, amplió sus instalaciones en Zungo e instaló un nuevo sistema de comunicación radial.

SUPERPRODUCCIÓN MUNDIAL Y ALTOS COSTOS

La falta de recursos y la incapacidad del Estado para ejecutar las obras de infraestructura indispensables no eran las únicas dificultades. Los meses finales de 1971 se caracterizaron por una superproducción mundial que originó una guerra de precios entre las comercializadoras multinacionales y causó verdaderos estragos entre los exportadores de capital nacional, pues los precios reales se derrumbaron hasta los niveles de veinticinco años atrás.

Para nublar aún más el panorama, la inflación en los costos de los insumos y la crisis petrolera mundial doblaron el valor de los fletes. El último trimestre de 1972 estuvo caracterizado, además, por un intenso verano que afectó significativamente la producción.

UNIBAN pensó entonces en diversificar sus actividades, a fin de amortiguar los efectos adversos de las crisis, e implementó el Plan Ganadero para exportación. En otra decisión de extrema importancia, AUGURA decidió independizar a UNIBAN para convertirla en una empresa aparte y encargarse plenamente de la representatividad gremial.

Al finalizar 1973, Colombia había exportado 371.700 toneladas, de las cuales 320.300 eran de Urabá, es decir, el 86,17%, con una participación en el mercado mundial de 5,62%.[22]

El crecimiento respecto a 1970 no era mayor, fenómeno explicable por el cambio de variedad, que dejó durante el periodo vastas zonas en barbecho.

Desde la década de los sesenta, preocupados por los bajos precios pagados por las multinacionales en contraste con el incremento en los costos de producción, algunos países exportadores habían manifestado su interés en crear un frente común para regular el mercado, asegurar precios remunerativos y contrarrestar la prepotencia de la United Fruit y demás comercializadoras.

Al comenzar la década siguiente, la situación de los cultivadores bananeros de América Latina se

---

22 ESTADISTICAS. En: Carta Informativa: Órgano de difusión de AUGURA. No. 5 (dic./1993). p. 2627.

había vuelto muy precaria como secuela de la crisis energética, cuya mayor expresión fue una fuerte alza en los precios del petróleo, que aceleró el proceso inflacionario en el planeta.

Después de varias décadas de expansión, que terminaron por consolidar mercados tan importantes como Europa y Japón, se produjo en el mercado la irrupción arrasadora de Ecuador y, a su vez, la deserción de Cuba, México y Haití. Durante las dos décadas mencionadas, el mercado mundial pasó de 2,4 millones de toneladas producidas a 6,2 millones, con un incremento del 153%. Para 1971, el mercado creció un 8%, mientras que en 1973 el crecimiento fue de cero, porque las plantaciones en Honduras y Guatemala fueron devastadas por el huracán Fifí. Los precios pagados al productor, reales y deflactados, fueron de nuevo desfavorables, tanto que los precios al consumidor en Estados Unidos, Canadá, Alemania Federal, Bélgica, Países Bajos e Italia estuvieron por debajo de los de 1950.

En términos reales, los consumidores de estos países pagaban en 1952 USD 2,6 por caja y ahora apenas USD 1,4. Las exportaciones crecieron en volumen un 4,5%, mientras que los ingresos corrientes de los países productores apenas se elevaron un 1,8%.

Al crecer tan significativamente la oferta bananera por encima de la demanda, especialmente por la presencia de Ecuador –léase de la United Fruit–, el mercado se consolidó como de compradores multinacionales, quienes siguieron imponiendo las reglas y condiciones, con graves perjuicios para los países productores latinoamericanos, principales cultivadores. Por estos años, las multinacionales United Fruit, Standard Fruit y Del Monte controlaban el 70% del comercio mundial bananero, el 90% de las exportaciones de América Latina y el 100% de las de Centroamérica y Panamá. En forma rígida, controlaban igualmente la tecnología.

La crisis energética empujó hacia arriba los costos de los insumos, en algunos casos, como el de los plásticos, hasta un 13% en solo los primeros quince días de enero de 1974, originando una caída vertical de la rentabilidad entre 1970 y 1974, pues los precios de venta permanecieron sin mayor variación. [23]

---

23 RESTREPO, Antonio. UPEB: Evaluación y perspectivas. Panamá, UPEB, 1993. 127 p. ISBN 9291080047

NACE LA UPEB

Con la convicción de que iban a la ruina, bananeros de Colombia, Costa Rica, Ecuador, Guatemala y Honduras, se reunieron en Ecuador para estudiar la situación y expidieron la *Declaración de Guayaquil* [24], que en resumen expresaba la preocupación de los agricultores por los bajos precios pagados por las multinacionales.

La Declaración señalaba que el precio solo reflejaba el interés de estas compañías sin tener en cuenta el alcance social del cultivo en los países productores. Detallaba con cifras las alzas en los insumos y la inestabilidad en la demanda, lo que arrojaba a los productores a incumplir sus obligaciones financieras.

---

24 Ibid.

El Primer Encuentro recomendó crear una asociación de países productores que propendiera por estabilizar y mejorar los precios, impulsar el consumo mundial, estabilizar las normas de calidad y regular la comercialización. Pidió evitar las prácticas comerciales derivadas de la concentración de poder y terminar la competencia suicida entre los países productores, estimular el mejoramiento salarial de los trabajadores y procurar que los gobiernos obligaran a las multinacionales a reinvertir en los países productores.

El 20 de mayo de 1973 se reunieron en San José de Costa Rica los productores firmantes de la *Declaración de Guayaquil*, esta vez para suscribir el Anteproyecto de Convenio Internacional para la creación de la Unión de Países Exportadores de Banano. Se consideró un logro significativo que los cultivadores de banano hubieran podido interesar en el tema a los diversos gobiernos involucrados, a pesar de las diferencias políticas y de desarrollo de los países partícipes.

Pero solo en marzo de 1974 se realizó en Ciudad de Panamá la Primera Reunión Ministerial de Países Latinoamericanos Productores de Banano, con la participación de Colombia, Costa Rica, Ecuador, Guatemala, Honduras, Nicaragua y Panamá, y se adoptó el llamado *Acuerdo de Panamá*, por el cual se decidió aumentar los precios FOB a través de un impuesto o medidas equivalentes, crear un organismo de países exportadores de banano y realizar gestiones para vincular a dicho organismo al mayor número posible de países productores. Los presidentes de Costa Rica, Honduras, Nicaragua y Panamá respaldaron de inmediato el Acuerdo.

Su primera consecuencia fue la aplicación a las multinacionales de un impuesto a la exportación de banano por parte de Costa Rica, Honduras, Nicaragua y Panamá, lo que les significó un ingreso adicional de 52 millones de dólares en 1976 y de 56 millones en 1977.

Colombia puso en práctica medidas de orden cambiario a fin de lograr el mismo efecto. Los trabajadores bananeros vieron con beneplácito la formación de la UPEB y entre el 28 y el 30 de abril de 1974 llevaron a cabo el Primer Encuentro de los Sindicatos de Trabajadores del Banano de Centroamérica y Panamá, en el que ratificaron su posición y sugirieron, además, crear una flota mercante de Latinoamérica para el transporte del banano, a fin de romper la dependencia frente a las multinacionales.

El 17 de septiembre de 1974, Colombia, Costa Rica, Honduras, Guatemala y Panamá suscribieron el Convenio Constitutivo de la Unión de Países Exportadores de Banano (UPEB), que entró en vigencia el 1° de febrero de 1976, en la Primera Conferencia de Ministros de la UPEB y la Primera

Reunión del Consejo Directivo, que eligió al colombiano Hernán Vallejo Mejía como su primer Director Ejecutivo. Extrañamente, Ecuador, que había sido uno de sus más entusiastas promotores, no se integró a la nueva organización, como sí lo hizo República Dominicana en ese mismo año.

La UPEB se proponía adoptar acciones que fortalecieran la actividad bananera y le dieran estabilidad. También pretendía defender precios remunerativos y justos en la venta del banano producido y exportado por los países miembros, promover políticas comunes y diseñar los mecanismos para su ejecución, con el objeto de procurar una racional producción, exportación, transporte, comercialización y precio del banano procedente de los países miembros. Recomendaba garantizar salarios y precios justos para trabajadores y consumidores y emprender acciones para incrementar los consumos y abrir nuevos mercados, pero buscando mantener el equilibrio entre oferta y demanda a escala mundial.

No era menos importante incrementar la productividad en los cultivos y obtener el máximo aprovechamiento de la planta, la fruta y sus derivados, promover la investigación, la diversificación en zonas bananeras y la realización de programas de beneficio común entre quienes se dedicaran al cultivo, la transformación, la industrialización, el transporte, la comercialización y la distribución del banano. Se consideraba de máxima prioridad estimular la colaboración y el diálogo entre los países exportadores e importadores.

La reacción de las multinacionales no se hizo esperar. La Standard Fruit se negó a comprar banano en Honduras en abril de 1975 y en mayo redujo en 40% sus pedidos a Costa Rica. La UNITED, a su vez, paró sus compras de banano a Panamá y se negó a exportar un solo plátano de ese país, amenazando con poner en venta todas sus tierras bananeras. El gobierno del General Torrijos respondió que estaba dispuesto a adquirirlas y ordenó a los organismos competentes iniciar el proceso.

El gobierno militar de Honduras, encabezado por el coronel Juan Alberto Melgar Castro, expidió el 15 de agosto la Ley 253, sustentada en la necesidad de "establecer una nueva política bananera nacional, buscar nuevos beneficios para la nación y rescatar la dignidad de los hondureños". La norma derogó las concesiones de las que por más de cincuenta años habían gozado las multinacionales, echó atrás sus privilegios "para situarlas en la misma condición jurídica de las empresas hondureñas". Fijó una meta nacional de 23.000 hectáreas sembradas para una producción anual de 55 millones de cajas. Ordenó comprar muelles y ferrocarriles en poder de las multinacionales y puso en marcha una reforma agraria en sus tierras ociosas e incultas. Ratificó, además, la decisión hondureña de adherirse a la Unión de Países Exportadores de Banano, UPEB, y terminó proclamando:

> *La nueva política del gobierno de las Fuerzas Armadas se fundamenta en la razón y la justicia, y busca proteger los más altos intereses de la nación. No podemos olvidar que en la tortuosa y larga historia que han vivido el gobierno y pueblo hondureños en sus relaciones con las compañías bananeras, han ocurrido actos como el soborno confesado por la United Fruit que no pueden quedar impunes.* [25]

Todo este periodo de conflictos entre las multinacionales y los países productores de Latinoamérica, particularmente de Centroamérica, se conoció como la "guerra del banano".

El doctor Jorge Restrepo Palacios, gerente general de AUGURA, comentaba por entonces, en uno de los editoriales de la revista del gremio:

---

25 Nueva era de relaciones con las empresas bananeras extranjeras se inició en Honduras. En: AUGURA: Órgano de difusión de AUGURA. Año 1, No. 3 (jul./sep. 1975); p. 2627.

Las relaciones económicas internacionales se han caracterizado por un gran desequilibrio que beneficia a los países más avanzados económicamente, perjudica a los más pobres y además este desequilibrio tiende a acentuarse año tras año, como consecuencia de esa relación desigual. Los países en desarrollo tradicionalmente productores de alimentos, materias primas y algunos minerales, reciben de los países desarrollados menos equipos y manufacturas a cambio de sus exportaciones, en esta forma los países pobres se empobrecen cada día en relación con los más ricos. El reajuste internacional que ahora vivimos se manifiesta con vigor en una lucha generalizada por el control de los recursos naturales, esto es alimentos, energéticos y minerales.

Pero no podemos olvidar que no obstante los países pobres ser dueños de estos recursos, no han tenido jamás un control, por el contrario, siempre lo han ejercido los países consumidores, en los cuales los compradores están organizados y cada vez se concentran más y más. Ejemplo de esto lo constituye el mercado del café en el cual seis tostadoras controlan más del 70% del mercado de este producto en Estados

Unidos y el del banano, donde tres grandes compañías transnacionales mercadean el 75% de la fruta comercializada a nivel mundial. Para conseguir este control es necesaria una acción de los productores para lograr una posición unificada, terminando con la forma tradicional como hasta el presente han procedido: de luchar en el mercado mundial por competir con otro país pobre productor, sobre la base de ofrecer cada cual un precio más atractivo al consumidor. Es preciso adquirir conciencia de que la estructura económica internacional está definida por la necesidad de un intercambio cada vez más intenso y de que dada la estructura del mercado en el cual se desarrolla este intercambio para los países productores no es suficiente producir más, si no que es esencial intercambiar con beneficio lo que se produce. [26]

Para entonces, *The Economist* estimaba que los precios de los productos agrícolas en el mercado mundial habían sufrido un descenso de 17,8%. [27]

El doctor Hernán Vallejo Mejía, exministro colombiano de Agricultura y director ejecutivo de

26 RESTREPO PALACIOS, Jorge. Las asociaciones de productores, camino hacia el logro de unas relaciones más justas. <u>En</u>: AUGURA: Órgano de difusión de AUGURA. Año 1, No. 3 (jul./sep. 1975); p. 34
27 Ibid. P. 3 y 4.

la UPEB, no dejó de señalar a las multinacionales como las responsables de la difícil situación que vivía el comercio mundial del banano, sujeto a las disputas entre unas y otras para colocar la superproducción existente, con hondas consecuencias sociales en los países productores. Vallejo reclamó incluso la posibilidad de establecer cuotas de exportación por países a fin de regular el mercado, no incrementar las áreas cultivadas y exigir a la Comunidad Económica Europea eliminar o rebajar los aranceles al banano: *"Tenemos la convicción de que en el mundo ya se ha abierto paso la idea de que es necesario poner en marcha nuevas prácticas en el comercio internacional que sustituyan la vieja concepción de que las leyes de la oferta y la demanda pueden operar sin correctivo alguno".* [28]

No le faltaba razón al doctor Vallejo Mejía al prevenir a los países productores acerca de la responsabilidad que les cabía a las multinacionales en las crisis económicas y sociales derivadas de la actividad bananera. Tampoco en exigir un trato más equitativo en las relaciones de intercambio. Meses antes, Míster Cornuelle, expresidente de la United Fruit Co. había afirmado:

---

28 VALLEJO MEJIA, Hernán. Dominio de transnacionales afecta mercado bananero. En: AUGURA: Órgano de difusión de AUGURA. Año 1, No. 3 (jul./sep.1975); p. 1117.

Dentro de pocos años las sociedades dentro de pocos años las sociedades multinacionales pueden muy bien surgir como una de las instituciones mundialmente dominantes y esas compañías mundiales de algún modo tendrán que encontrar un esquema organizativo legal, político y económico propio dentro del cual ellas puedan actuar de modo más efectivo. Entre las más importantes razones para la internacionalización de las sociedades multinacionales está la de aumentar sus utilidades en el mundo en desarrollo de América Latina, Asia y África. Su papel en el proceso de desarrollo se torna cada día claramente más urgente, si somos testigos de los límites y de los impedimentos que caracterizan a los gobiernos locales. Inclusive si los gobiernos locales son fuertes y si se les da una copiosa asistencia, es un hecho que la enorme complejidad del proceso de desarrollo exige habilidades y atributos que en las compañías multinacionales son naturales y que son innaturales en el gobierno.

Más adelante agregaba:

Queda en pie la cuestión del impacto político provocado por una compañía de alcance mundial en un país como

Honduras. La United Fruit Co. por ejemplo, el año pasado proporcionaba el 11,2% de los impuestos nacionales, abarcó el 6% del comercio exterior y produjo el 6,98% del producto nacional bruto. Habría que ser necio para pretender que esa compañía no tiene influencia en Honduras.

Y concluía:

No importa cuán exitosos seamos nosotros y otras firmas en el proceso de expansión más allá de las fronteras nacionales, siempre continuaremos a ser vistos en todas partes, estoy seguro, como una amenaza a la independencia y soberanía nacionales. El hecho de que tengamos nuestro domicilio en un país extranjero y de que seamos grandes, asegura esto. [29]

Y para que no quedaran dudas, George Beckford expresó:

Suena como si Dios hubiera adecuado para las suena como si Dios hubiera adecuado para las empresas multinacionales poderes y habilidades que los pueblos y los gobiernos del Tercer Mundo jamás podrían obtener por sí mismos.

---

29 CLAIRMONTE, Frederick. El imperio de la banana. <u>En</u>: AUGURA: Órgano de difusión de AUGURA. Año 1, No. 3 (jul./sep.1975).

Por la época, las multinacionales controlaban el 70% del mercado mundial, distribuido así: UNITED 35%, Standard 25% y Del Monte 10%.

Frederick Clairmonte[30], especialista en comercialización bananera y funcionario de la UNCTAD, afirma que la estructura central de la producción bananera de entonces consistía en tener centros de poder vital en las metrópolis y plantaciones en la periferia, lo que a su juicio era el principal freno para la constitución de un sistema comercial más racional y equitativo.

Clairmonte caracteriza así la economía mundial bananera: a) hay un abismo entre los ingresos de los países productores exportadores y aquellos de los países consumidores importadores; b) una tendencia básica a exportar utilidades a un ritmo mayor que la demanda de importaciones a precios corrientes; c) la competencia oligopólica entre las tres compañías comercializadoras multinacionales que controlan el 70% del valor total del comercio mundial de banano; d) el uso de la marca como un recurso de mercadeo; e) el control predominante del 88,5% del sistema de comercialización y distribución por parte de las grandes multinacionales o de otras empresas extranjeras pertenecientes a las economías desarrolladas, incluidas compañías transportadoras y de

---

30   Ibid.

navegación, aseguradoras, almacenadores para la maduración de la fruta y vendedores mayoristas y minoristas; f) un alto grado de concentración en el comercio internacional por origen y destinación, pues las economías desarrolladas absorben más del 90% del total de las importaciones; g) el aumento del comercio de reventa del banano en los países importadores y una estructura de transporte marítimo ampliamente controlada fuera de los países exportadores, en la que solo las multinacionales tienen participación.

La alta concentración de la actividad en todas sus fases era y es sintomática de la economía mundial bananera y está dirigida a obtener la mayor eficiencia operativa posible para un incremento máximo del proceso de acumulación de capital. Mientras que los cultivadores nacionales apenas percibían el 11,5% de los ingresos derivados del negocio, las compañías extranjeras, en todas las fases de este, se quedaban con el 88,5%. Sobre un valor total de ventas anuales al detal de USD 2.144 millones, apenas USD 245 millones correspondían a los productores. Y mientras que los impuestos a la exportación de la fruta en los países productores apenas alcanzaban el 0,8% de ese mismo valor, el de importación en los países desarrollados llegaba al 6,9%. Frederick Clairmonte concluye:

La situación en que se encuentran los Estados productores procede de su vulnerabilidad, en parte debida a su propia composición social tan acentuadamente desigual, y de su incapacidad, hasta ahora, de tomar acciones coordinadas, que han facilitado la tendencia desastrosa que utiliza la oferta para sacar ventajas en la demanda importadora, apoyándose en calculadas caídas de precios. Las actuales estructuras y desigualdades continuarán mientras la acción colectiva permanezca fragmentada, mientras los países productores sean mutuamente hostiles y mientras estos carezcan de una estrategia de desarrollo con una dirección centralizada. [31]

El doctor Vallejo Mejía insistía:

El problema bananero tiene su origen en el escaso poder negociador de quienes producen la fruta frente a las compañías multinacionales. Estas regulan las cantidades que se ofrecen en el mercado mundial o regulan la producción, bien sea en sus propias plantaciones o a través de productores independientes, cuidando siempre que haya exceso de fruta para poder comprarla en condiciones más ventajosas, sortear las disminuciones ocasionadas por huracanes, plagas o impuestos.

---

[31] Ibid.

Definía así cuál debería ser el carácter de las relaciones entre los países latinoamericanos y las multinacionales:

> *Las relaciones entre las multinacionales y los gobiernos deben ser constructivas, de beneficio mutuo, en las que se reconozca la jerarquía y soberanía de los gobiernos y la legitimidad de las aspiraciones nacionales, y que se acepte a la vez los aportes que puedan hacer la tecnología, la organización y el capital extranjeros, cuando se aplican a acciones económicas verdaderamente productivas.* [32]

Si bien la UPEB fue el resultado de expresiones nacionalistas en defensa de la producción nacional de cada país y del espíritu integracionista latinoamericano, jamás pudo cumplir cabalmente sus objetivos, a excepción del primer momento, cuando se decidió crear el impuesto a la exportación, que les significó a los países productores ingresos por más de USD 100 millones durante los dos primeros años.

La inmediata reacción de las multinacionales, que deseaban a toda costa impedir la consolidación del proyecto, fue uno de los factores que frenaron la unión.

---

32 MEJIA VALLEJO, Hernán. Entrevista para la revista Sectante, de Honduras. <u>En</u>: AUGURA: Órgano de difusión de AUGURA. Año 2, No. 5, 1976. p.11

El primer escollo fue la ausencia de Ecuador, principal productor mundial y uno de los más animados promotores de la idea, que brilló por su ausencia en la constitución de la UPEB. Se nacía con una pata coja. Luego se desató una violenta guerra de precios para debilitar las economías locales, y las multinacionales intensificaron las presiones sobre cada país para que reversaran sus posiciones en torno a la UPEB, meta que fueron logrando paulatinamente, cuando paso a paso se fue desmontando el impuesto acordado.

Antonio Restrepo[33], economista colombiano, exfuncionario de la UPEB, exdirector de AUGURA y exgerente para Urabá del gobierno departamental de Antioquia, considera que la UPEB nunca se consolidó porque sus objetivos, aunque válidos, no eran viables para el momento. Coincide con Fernando Manfredo, exministro de Estado panameño y negociador del Convenio Constitutivo de la UPEB, al opinar que la misión de regular el mercado y obtener precios remunerativos dependía más de las prácticas de producción y mercadeo que de la acción gremial. Opina que el objetivo fundamental era el de conseguir un convenio mundial bananero sobre comercialización, análisis estadístico y económico, y sobre transferencia de tecnología.

---

33 RESTREPO, Antonio. UPEB: Evaluación y perspectivas. Panamá, UPEB, 1993. 127 p. ISBN 9291080047

Pero tan pronto como la UPEB empezó a operar, en enero de 1976, el objetivo fue cayendo en el olvido, por la propia dinámica en que se desenvolvió la organización en sus inicios. Restrepo señala como causas del deterioro de la UPEB, además de la acción de las multinacionales, la falta de voluntad política de los gobiernos involucrados, la ausencia de políticas bananeras nacionales estables y coherentes, la desconfianza e insolidaridad entre los países miembros, la falta de coordinación de las instituciones involucradas en cada gobierno, la designación de funcionarios de segundo o tercer orden altamente desinformados como interlocutores de la Dirección Ejecutiva de la UPEB y, en fin, el desconocimiento de la UPEB por parte de los gobiernos.

Dentro de la UPEB, considera como factores negativos la no presencia institucional del sector productivo en la Dirección Ejecutiva, el desconocimiento y falta de especialización de las delegaciones representativas en temas bananeros y la carencia de capacidad para obligar a los gobiernos a adoptar las decisiones tomadas por la Dirección Ejecutiva.

Asignarle a un organismo como la UPEB el papel de restablecer el equilibrio entre la oferta y la demanda constituye una desproporción que no debió haber pasado desapercibida para los negociadores del Convenio Constitutivo. Los esfuerzos desplegados sobre todo en el periodo 19761988 a fin de buscar mecanismos para lograr tal equilibrio como el Comercio Mundial de Banano, han sido fuente de grandes frustraciones para el sector bananero latinoamericano, al tiempo que la total ausencia de resultados ha gravitado negativamente sobre la credibilidad y respaldo de la UPEB. [34]

En 1978, Costa Rica puso en marcha su Plan de Fomento Bananero y en 1985, el Plan de Restitución de Áreas. Honduras incentivó asimismo la producción y exportación de banano. Panamá hizo lo propio, cada uno por su lado. La UPEB fue perdiendo su espacio como foro natural para la discusión de la problemática bananera y más bien se convirtió en un centro de documentación e información, para acabar muriendo a comienzos de esta década y ser resucitada en 1995, pero únicamente como organismo de investigación y difusión tecnológica.

En el año en que se fundó la UPEB, 1974, Colombia exportó 18.539.140 cajas, de las cuales 13.430.000 provenían de Urabá, es decir, un 87,09%. Teníamos el 4,99% de participación en el mercado mundial

---

34 Ibid.

y el 11,9% de las exportaciones de la UPEB. Hubo en Urabá 13.725 hectáreas en producción y la productividad fue de 1.172 cajas por hectárea año, explicable por el avance del cambio de variedad, que para entonces abarcaba ya 75% de la zona[35]. Se alcanzaron precios sin precedentes debido a la reducción de la oferta ocasionada por los estragos del Huracán Fifí, que prácticamente dejó a Honduras y a Guatemala por fuera del mercado, lo que permitió que el gremio mirara con optimismo el futuro inmediato.

Hacia adelante, el sector productivo bananero de Urabá se dedicó a culminar el proceso del cambio de variedad, continuar la expansión del cultivo y consolidar la presencia colombiana en los mercados mundiales, siendo significativo para entonces el ingreso de otra multinacional a la zona, la Standard Fruit Co., bajo el nombre de Técnicas Baltime de Colombia, Tecbaco, en 1976, con propósitos exportadores, lo que significó notables mejoras tecnológicas en las prácticas productivas y administrativas, como el encintado de los racimos, las líneas de producción en las empacadoras, la asistencia técnica directa en las fincas y mejores labores en la administración, lo que posibilitó un aumento de productividad para los años venideros.

---

35 ESTADISTICAS. En: Carta Informativa: Órgano de difusión de AUGURA. No.5 (dic./1993). p. 2627. ISSN 01205706.

NUEVOS RETOS

UNIBAN continuó su proceso de integración vertical y, en 1978, puso en funcionamiento una fábrica de cartón, lo que permitió reducir significativamente uno de los costos más importantes: el de las cajas, además de reducir su dependencia de las multinacionales, en este caso de Smurfit Cartón de Colombia, que era la proveedora exclusiva de este producto en Urabá. Según el doctor Rodrigo Jiménez Pinillo, Gerente de UNIBAN, "La realización más importante de UNIBAN es la colocación de la totalidad de la fruta en el mercado exterior, a precios que les han permitido a los productores frente a los costos de producción"[36].

Hasta mediados de 1976, UNIBAN había realizado 1.564 embarques, con un total de 53.026.000 cajas

36 JIMENEZ PINILLOS, Rodrigo. Esto es UNIBAN. En: AUGURA: Órgano de difusión de AUGURA. Año 2, No. 6, 1976. p. 22.

exportadas, por un valor de USD 90.647.673. Para lograr estos resultados, fue necesario abrir tres mil caminos carreteables, construir 300 kilómetros de carreteras de penetración, 22 kilómetros de carretera principal, cinco kilómetros de canal fluvial para transporte pesado, tres aeropuertos, tres embarcaderos y varios astilleros, canalizar ríos y adecuar 16.000 hectáreas de tierra. Ya no se experimentaban los problemas de maduración de los primeros embarques de 1969.

Sin embargo, en 1977, el doctor Javier Chica[37], gerente de AUGURA, expresó su preocupación por el futuro de la actividad bananera en Colombia, advirtiendo que se navegaba en un mar de incertidumbre, causado por la reducción del Certificado de Ahorro Tributario (CAT) al 13%. Esta medida afectaba especialmente a una actividad dedicada a la exportación en un contexto internacional adverso, marcado por un mercado sobreofertado y un deterioro de los precios reales.

A pesar de que se culminó con éxito el cambio de variedad, Chica señaló que un intenso verano había afectado la calidad y la cantidad de la fruta exportada. Calculó un aumento en los costos de producción del 24%, sin que la devaluación del 18,9% lograra compensar estos incrementos.

---

37 CHICA MOLINA, Javier. Memorando: significado de la actividad. En: AUGURA: Órgano de difusión de AUGURA. Año 3, No. 7, 1977. p. 4.

Además, denunció el cierre de líneas de crédito por parte del sector bancario, lo que encareció y limitó el acceso al capital de trabajo. Al analizar la rentabilidad del negocio bananero, Chica informó que, para junio de 1976, la relación costo-beneficio era del 13,27%. Sin embargo, un año después, ese índice había descendido al 6,66%.

En resumen, el negocio perdía rentabilidad y las perspectivas no eran alentadoras, en parte debido a la política del gobierno de López Michelsen de reducir aún más el valor de los CAT. Ante esta situación, Chica solicitó al gobierno un subsidio de USD 0,20 por caja exportada, equivalente al 8,6% de su precio FOB, para compensar las pérdidas sufridas. En ese momento, la Frutera de Sevilla (UNITED) perdía terreno en las exportaciones, mientras UNIBAN avanzaba y Standard (Tecbaco) ingresaba al mercado.

El 68% de las fincas tenía menos de 60 hectáreas, el 35,5% entre 30 y 60 hectáreas, y solo el 4% superaba las 150 hectáreas, lo que indicaba que la actividad era realizada en su mayoría por medianos y pequeños productores. La productividad promedio de la zona en el primer semestre de 1977 fue de 1.360 cajas por hectárea al año. El 68% de las fincas tuvo una productividad inferior a 1.560 cajas por hectárea al año, y solo el 4% superó las 2.340 cajas por hectárea al año. El rango más común de productividad se situó entre 1.040 y 1.300 cajas por hectáreaaño. [38]

Al finalizar la década, la actividad bananera presentaba el siguiente panorama, según el doctor el doctor Jorge Restrepo Palacios[39], gerente de AUGURA: El banano era el segundo producto alimenticio más consumido en el mundo, después de la leche. De 500.000 toneladas métricas producidas en 1900, se pasó a 2,3 millones en 1950 y a 7 millones en 1978, lo que situaba al banano en el séptimo lugar de las importaciones mundiales de origen agrícola. La totalidad de la producción se realizaba en países subdesarrollados, mientras que el 95% de las exportaciones tenía como destino los países desarrollados.

El mercado bananero mundial se dividía en tres segmentos: El mercado libre o tradicional, donde no hay restricciones para el ingreso de banano de cualquier procedencia nacional, como Estados Unidos, Canadá, Japón y la mayoría de los países de Europa Occidental, que en su conjunto consumen las dos terceras partes de la producción mundial y son abastecidos fundamentalmente por América Latina y Filipinas; el mercado protegido y el mercado no tradicional.

---

38 Cifras del sector agropecuario. En: AUGURA: Órgano de difusión de AUGURA. Año 4, No. 1, 1978. p. 41.

39 RESTREPO PALACIOS, Jorge. La actividad bananera: comportamiento reciente y perspectivas a mediano plazo. En: Informe UPEB. Órgano de difusión de la UPEB. No. 18, 1979; p. 13.

El mercado protegido estaba constituido por Francia, Italia, Reino Unido, España y Grecia, que se abastecían por acuerdos políticos de sus territorios de ultramar o de sus excolonias y que sólo en caso de faltantes, de otras fuentes. Los productores de esta área son Guadalupe, Martinica, Jamaica, Islas de Barlovento, Islas Canarias, Islas Winward, Creta y algunos países africanos. Finalmente, el mercado no tradicional estaba compuesto por compradores pequeños, esporádicos y no muy estables, como lo son los países de Europa Oriental y algunos suramericanos.

Las tres multinacionales estadounidenses, UNITED, Standard y Del Monte, continuaban controlando el 70% del comercio mundial. En sus plantaciones producían el 60% de lo exportado por Centroamérica y comercializaban el 100% de la producción. En Colombia, la producción era realizada en su totalidad por cultivadores nacionales, que solo comercializaban el 40% de las exportaciones. En Ecuador, sus exportaciones alcanzaban apenas el 35% de la producción nacional. En África y algunas islas del Caribe, la producción era realizada por consorcios, cooperativas de productores o instituciones gubernamentales. En Filipinas, las tres multinacionales realizaban la producción y comercialización en asociación con empresas locales.

En América Latina, la actividad bananera había cobrado una gran importancia en las economías de cada país, generando divisas y empleo de manera significativa. En Ecuador, empleaba a 300.000 trabajadores, un 30% de la mano de obra agrícola, y producía el 10,7% de las divisas totales del país. En Panamá, Costa Rica y Honduras, representaba el 25% de las divisas y el 8% del empleo agrícola. En Colombia, Filipinas, Jamaica y Costa de Marfil, era la columna vertebral de amplias economías regionales.

Sin embargo, los ingresos de los productores no crecieron en la misma magnitud que lo hizo el mercado.

Según el documento *"Estudio de los problemas de materias primas y desarrollo"* de las Naciones Unidas (72), entre 1950 y 1973, el banano ocupó el segundo lugar en evolución desfavorable de precios, después del té. En los países importadores, los precios del banano en términos reales y corrientes descendieron. Teniendo como base los precios de 1950 y deflactándolos a 1972, los precios reales del banano fueron un 50% más bajos en Bélgica, 55% en Canadá, 44% en Estados Unidos, 63% en Holanda, 59% en la República Federal Alemana y 67% en los Países Bajos.

Entre 1963 y 1973, los volúmenes exportados crecieron un 4,5%, mientras que el incremento nominal en dólares de 1974 apenas creció un 1,6%.

Esto significa que, en términos reales, en veinte años de mercado, los productores nacionales vieron bajar sus ingresos a casi la mitad, en beneficio de los países desarrollados. Para sostener sus ingresos, los cultivadores debían entregar cada vez más cantidad de fruta al mismo precio.

Jorge Restrepo Palacios, gerente de AUGURA en 1978, preveía a corto plazo lo siguiente:

Se espera un aumento de la oferta anual de un 3,3% para el período comprendido entre 1979 y 1983. Sin embargo, la demanda solo lo hará a un 2,3% para el mismo tiempo. Significa que la década terminará con excedentes de fruta. De los mercados tradicionales o libres apenas se espera un crecimiento de la demanda de un 1,8%, equivalente a la tasa de aumento demográfico, pues los niveles de consumo de 10 kilogramos por persona-año se mantienen estáticos. Por tanto, las expectativas del mercado están puestas en algunos países de África y de Europa Oriental, con el agravante de que estos países realizan sus transacciones comerciales por el sistema de trueque, interviniendo en ello políticas gubernamentales de comercio exterior. El excedente de fruta implica un deterioro real de los precios, que de continuar la tendencia se calcula que para 1983 habrán perdido un 25% con relación a

> *1977. A ese ritmo los países productores ni siquiera mantendrán los mismos ingresos[40].*

El doctor Restrepo Palacios insistía en la necesidad de buscar un acuerdo internacional que regule el mercado y los precios.

En 1979, el huracán David ocasionó grandes pérdidas en los cultivos de Centroamérica, lo cual favoreció a Colombia, que en 1980 incrementó sus exportaciones en un 26.9% respecto del año anterior, cuando, de 1978 a 1979, apenas habían crecido en un 6%. Las exportaciones de Urabá alcanzaron el 93% del total nacional bananero, y su valor en dólares fue de 99.1 millones, lo que representó el 4% de las exportaciones agropecuarias del país. Colombia ya tenía una participación del 8,57% en el mercado mundial y un 18,16% de las exportaciones de la UPEB. Además del Huracán David, que disminuyó la oferta de Panamá, Colombia se vio favorecida por una huelga de trabajadores en Costa Rica, por heladas en Guatemala y por los daños que comenzaba a ocasionar la Sigatoka Negra en toda Centroamérica.

---

40 Ibid.

PRIMERA PLAGA:
LA SIGATOKA NEGRA

A nivel doméstico UNIBAN había perdido participación en las exportaciones colombianas. Las suyas cayeron al 46,4%, mientras que Frutera de Sevilla las levantó a 37,3% y Tecbaco o Standard a 16,3%. Ciento veinte fincas tenían ya niveles de productividad superiores a 2.301 cajas por hectáreaaño, 88 estaban entre las 1.701 y las 2.300 y 27 se rezagaban por debajo de las 1.700.

Un productor colombiano de la región de Urabá recibía en promedio USD 2,5 por caja exportada. Aumentó 13% su valor en precios corrientes, pero descendió 3,9% en términos reales, por los efectos inflacionarios y las tasas de devaluación del peso frente al dólar[41].

En 1981 se presentaron tres hechos que modificaron la estructura bananera en Urabá: A finales de octubre apareció la Sigatoka Negra en los cultivos y, simultáneamente, nació BANACOL, segunda comercializadora colombiana, con productores provenientes de Standard y UNIBAN. Un tercer hecho de importancia para el negocio fue la decisión del gobierno de reducir el CAT a 5%.

La aparición de la Sigatoka Negra tuvo amplias repercusiones en los costos de producción, puesto que triplicó el valor de la fumigación. Se detectó por primera vez en la finca Caribe, pero al finalizar el año ya había dos mil hectáreas infestadas, equivalentes a 11,44% del área cultivada.

BANACOL comenzó a exportar en agosto. Agrupaba diecinueve fincas para un total de 2.776 hectáreas, que representaban 15,88 % del cultivo, y alcanzó para ese año un 2,3% de las exportaciones. BANACOL vendía la fruta fundamentalmente a las multinacionales UNITED y Del Monte.

El tercer factor, la reducción del CAT al 5%, significó una disminución dramática de la rentabilidad del negocio, pues el precio promedio que se pagó al productor por caja exportada fue de USD 2,8, con

---

41 ACTIVIDAD BANANERA EN COLOMBIA,1980. En: AUGURA: Órgano de AUGURA. Año 7, No. 1, 1981; p. 4148.

un aumento real deflactado sólo del 2,8% respecto a 1980, pero con un incremento de los costos de producción de 30%. La situación puso el futuro de la actividad en una situación incierta[42].

Igual panorama preveía la VIII Reunión del Grupo Intergubernamental sobre Banano de la FAO[43], celebrada en Roma en mayo de 1982, cuando anticipaba una sobreoferta mundial de 300.000 toneladas para 1982, de 600.000 para 1983 y de 1.000.000 para 1985.

Al finalizar el período analizado, el cultivo en Urabá se había consolidado: El área sembrada había pasado de 15.860 hectáreas en 1970 a 18.288 cultivadas en 1981, cuando se exportaron 40.716.000 cajas, con una productividad promedio de 2.266 cajas por hectáreaaño, mientras en 1970 fue de 858, casi tres veces más.

Colombia ya había conquistado una participación en el mercado de un 11,51%, más del doble del inicio de la década, cuando el país contaba apenas con el 4,36%. Del total de fruta exportada por Colombia, el 93,36% correspondía a Urabá. El sector bananero contribuía con divisas de USD 135,9 millones, correspondientes al 4,5% de las exportaciones

---

42 RAMIREZ, Margarita. La actividad bananera en Urabá 1981. En: AUGURA: Órgano de difusión de AUGURA. Año 8, No. 1, 1982; p. 519.
43 VIII REUNION del Grupo Intergubernamental sobre el Banano. En: Carta Informativa: Órgano de difusión de AUGURA. No. 18 (mar./jul. 1982). p. 4

nacionales, y ocupó el segundo lugar, después del café. El banano generaba ya 15.110 empleos directos, 12.280 de ellos ubicados en labores de producción y 2.830 en empleos administrativos[44].

En síntesis, la zona bananera de Urabá no era tan solo una realidad irreversible, sino que hacía contribuciones importantes a la vida económica y social del país.

---

44 ESTADISTICAS. En: Carta Informativa: Órgano de difusión de AUGURA. No. 5 (dic./1993). p. 2627. ISSN 01205706

LA SITUACIÓN POLÍTICA

El período analizado en esta Segunda Etapa arrancó prácticamente bajo la presidencia de Misael Pastrana Borrero, conservador, quien había llegado al cargo en una discutida elección disputada con el general Gustavo Rojas Pinilla, jefe de la Alianza Nacional Popular, ANAPO, movimiento de corte populista con el que aspiraba a volver a la primera magistratura. El escrutinio final dio como sucesor de Carlos Lleras Restrepo a Misael Pastrana, lo que originó una fuerte reacción de los simpatizantes de Rojas, que acusaron al gobierno de falsear el resultado, a fin de favorecer el continuismo político del Frente Nacional. Rojas Pinilla, quien había llamado a sus votantes a defender el triunfo en las calles, finalmente se transó y aceptó el resultado electoral, por lo que sus seguidores lo acusaron de traidor. A partir de ese año inicia la ANAPO un proceso de declinación como organización política de envergadura nacional.

En Urabá, entre tanto, el sindicalismo inició un periodo de despegue. SINTRABANANO, el sindicato orientado por el Partido Comunista y reactivado partir de 1968, promovió en 1971 un paro laboral que afectó a setenta fincas bananeras. Poco antes se había fundado el sindicato de la empresa Maderas del Darién, dedicada a labores de extracción. En 1972 se fundó el Sindicato de Trabajadores del Agro, SINTAGRO, en la empresa holandesa COLDESA, dedicada al cultivo de la palma africana y a la producción de aceite. Un año después inició actividades el sindicato de la empresa Frutera de Sevilla, Sinaltraifrú, que llegó a tener 243 afiliados. Posteriormente, el MOIR promovió la fundación del Sindicato de Jornaleros Agrícolas, Sindejornaleros, como una alternativa al sindicalismo que operaba hasta el momento en Urabá.

Durante los primeros años de la década de los setenta, el movimiento guerrillero había sufrido importantes reveses, en algunos casos como consecuencia de sus propios errores y, en otros, por la acción del ejército, que los llevó al borde de la extinción. Perseguidos duramente en el departamento de Santander, donde habían nacido, el Ejército de Liberación Nacional, al mando de los hermanos Vásquez Castaño, inició de manera suicida un éxodo masivo hacia el nororiente antioqueño, una región para ellos extraña y sin población conocida. El ejército les cortó el paso en el cañón del río Anorí y dio de baja a la mayoría de los guerrilleros, incluyendo a los hermanos Manuel y Antonio Vásquez Castaño.

Solo sobrevivieron unos pocos, que penosamente alcanzaron a salir del lugar y llegar a algún poblado cercano. El ELN prácticamente quedó en estado de coma. El EPL no corrió con mejor suerte. Las contradicciones internas se habían agudizado, produciendo destrozos irreparables.

Para 1974 eran solo diez hombres y la prensa hablaba de su extinción.

En agosto de 1974, llega a la Presidencia de la República el liberal Alfonso López Michelsen, representante del capital financiero, quien promueve una política económica tendiente a favorecer a este sector, en detrimento de los sectores productivos. Por primera vez, el nuevo mandatario insinuó la posibilidad de una apertura económica y sugirió abrir diálogos de paz con el movimiento guerrillero. Su política económica causó estragos entre la población más pobre del país, que vio disminuida su capacidad adquisitiva de manera dramática.

El deterioro de los ingresos estimuló a las centrales obreras a adelantar el gran Paro Cívico Nacional, de septiembre de 1977, en protesta por la situación.

La posibilidad de abrir diálogos de paz con el movimiento guerrillero produjo resistencias en las fuerzas militares, un enfrentamiento que culminó en 1975 con la salida del general Álvaro Valencia Tovar del Ministerio de Defensa. Se le culpó de haber hecho sonar el sable.

SEGUNDA PLAGA:
EL EPL Y LAS FARC

El deterioro económico, político y social alcanzó también a la región de Urabá, agitada por la presencia de avanzadas guerrilleras y por la actividad anarcosindical, habida cuenta de que SINTAGRO presentó por primera vez un pliego de peticiones a la empresa COLDESA. El clima político y de orden público se deterioró cuando el EPL, anunciando en volantes su apoyo al pliego, resolvió asesinar al jefe de personal, el 21 de mayo, y de paso también al inspector de policía de Currulao. El gobierno se apresuró a nombrar alcaldes militares para Apartadó, Chigorodó y Turbo.

En 1977, el EPL se decidió a salir de las bases rurales, localizadas en zonas distantes y selváticas, para asentarse en zonas como Urabá. Uno de sus jefes guerrilleros reseñó así el proceso:

Nosotros tuvimos un proceso de transición. Aunque condenábamos al terrorismo en el periódico Revolución y en otros medios, en los hechos practicábamos la extorsión y el secuestro. Hay una fase en que nos toca pasar de esas poblaciones aisladas, de esos campesinos que no veían jamás un soldado ni un político y sólo contaban con nosotros, a un período en que teníamos que disputar un espacio, empezar a abrirnos a consolidarnos en un sector completamente diferente, como lo era el sector obrero en la zona bananera, con el fin de encontrar por fin lo que nosotros llamábamos "el enemigo": los empresarios y sus representantes. Al asimilarlo partiendo de una organización armada, practicamos el terrorismo. La decisión no fue unánime entre nosotros. Ocasionó un tremendo debate interno, pero quienes monopolizaban las armas impusieron ese tipo de comportamiento. Salir de la montaña y trasladar mecánicamente al guerrillero rural a las fincas bananeras creó graves problemas militares, porque eran escenarios diferentes y nosotros estábamos enseñados a actuar arriba, donde los combates eran esporádicos y nunca se daban las grandes batallas que nos habíamos imaginado.

Carecíamos de discurso para los trabajadores bananeros. El discurso que manejábamos era para el campesino de arriba y ya lo teníamos agotado. Los principales jefes guerrilleros se quedaron en la montaña y a la zona bananera se desplazaron hombres de segunda y tercera línea sin la suficiente preparación y madurez. Fue una acción muy contraproducente para nosotros y nos costó casi dos años cambiar esa mentalidad. Fue una etapa de un empirismo genérico donde no manejábamos un concepto claro de lo que es una organización sindical, de quien es el enemigo de clase, de quien es el enemigo militar. Se generó entonces una cosa confusa que propició que cayéramos en el terrorismo. En COLDESA, por ejemplo, no solo amenazábamos a los administradores o a los empleados, sino también a la simple enfermera, por haber recetado determinadas pastillas a un trabajador cualquiera, que vino un día y nos puso la queja. Era una acción muy primitiva que me recuerda a las primeras reacciones de la clase obrera frente a las máquinas, cuando las destruían. Para mí es una etapa primitiva y absurda, pues estábamos lejos de entender la problemática de los trabajadores bananeros y asumir su defensa. Eran acciones contraproducentes e infantiles para las condiciones de ese momento.

La implantación nuestra en los sindicatos de Urabá fue muy difícil. Manejábamos un sindicalismo rojo, cuñando a la fuerza las consignas guerrilleras en las luchas obreras. En la práctica, numerosos dirigentes sindicales se apartaron, atemorizados, y muchos sindicatos se acabaron, porque nunca colocábamos como objetivos reivindicativos los intereses de los trabajadores, sino las consignas políticas nuestras. Para nosotros era mejor un buen conflicto que una buena negociación. Nos metimos en mil problemas.

Respecto a la producción bananera, nosotros no entendíamos realmente la magnitud, ni la estructura de sus problemas. Ni siquiera si había intereses nacionales incluidos o no. Sabíamos que estaban la Frutera, la Standard, y que habían aparecido unas comercializadoras nacionales. En general, manteníamos una actitud de rechazo a los productores. Por los conceptos que nosotros manejábamos y con nuestro lenguaje, los rechazábamos de forma *tajante. Manejábamos un concepto de un empresario salvaje sin sensibilidad social. A nosotros en realidad no nos interesaba si tenía futuro o no la producción bananera. Ni siquiera estaba dentro de nuestras discusiones.*

En la década del setenta también hay otros hechos significativos para nosotros: la guerrilla asesinó a un ejecutivo de Coltejer, en 1976 o 1977, y a un directivo de Inca Metal, a quien responsabilizamos por una acción de la fuerza pública, que desalojó violentamente una huelga. Asumíamos la actitud de que cuando alguien no se comportaba democráticamente, le dábamos ese tipo de tratamiento. Era una visión muy estrecha del trabajo político y sindical y todo lo reducíamos al trabajo militar. Hasta el XI Congreso se rechazaba el estudio y la investigación y a la intelectualidad de izquierda la llamábamos "pequeña burguesía de tacón alto". Se nos aconsejaba no oír noticias ni leer prensa, porque todo se consideraba alienante. Éramos completamente fundamentalistas en nuestros conceptos, en nuestra práctica, en la elaboración de nuestra teoría acerca de la realidad del país. Nosotros decíamos que la realidad del país era la línea política nuestra. Es más, internamente, entre nosotros, al que cuestionara la línea, lo mínimo que le podía pasar era un llamado de atención, pero facilito se iba de expulsión por cuestionar la línea, porque la línea era incuestionable.

Condenamos el Paro Nacional del 77 con el argumento de que era dirigido por las centrales patronales. Luego pusimos como consigna que los paros deberían ser combativos y revolucionarios y si no aparecían esas palabras, no los apoyábamos. Mantuvimos una actitud vergonzante frente a las luchas populares hasta la década de los ochenta[45].

En 1978 se produjo un hecho de particular trascendencia en el accionar guerrillero de la región. Bernardo Gutiérrez, conocido como el Comandante Raúl, y quien operaba en el área comprendida por el triángulo Turbo, San Pedro y Necoclí, abandonó las FARC y se pasó al EPL con los hombres bajo su mando y sus armas. El hecho agudizó las contradicciones con el Partido Comunista y desencadenó una reacción virulenta por parte de las FARC, que provocó inicialmente por lo menos cuarenta muertos, incluyendo a Julio Hernández, en Villa Arteaga. La Asociación Nacional

---

45 ENTREVISTA con Mario Agudelo excomandante guerrillero del EPL. Desmovilizado.

de Usuarios Campesinos, ANUC, Línea Sincelejo, que trabajaba en Turbo bajo la orientación del EPL, también fue perseguida por las FARC y sus dirigentes forzados a abandonar la zona. El mismo jefe guerrillero del EPL hace referencia a los enfrentamientos:

Con el Partido Comunista por esta época no teníamos casi ninguna relación. Se logró un primer contacto con Raúl (Bernardo Gutiérrez), a raíz de una comisión que envió las FARC al área de Chigorodó, hacia Río Verde. Ahí hubo un contacto con él. De parte de nosotros estuvo Ernesto Rojas, se dialogó bastante y eso permitió una relación más permanente con Bernardo, más no con toda la dirigencia de las FARC. Esta relación posibilitó el paso de Bernardo de las FARC al EPL en 1978. Es por el trabajo de Raúl en el triángulo Necoclí, Turbo, San Pedro que nosotros accedemos a esa zona. Antes no teníamos trabajo allí. La población, que estaba cansada del Partido Comunista por el estilo impositivo que ejercía, le dio el respaldo a la integración de Bernardo y sus hombres.

Las FARC eran la policía del Partido comunista, a tal punto que eran las que controlaban quién pagaba o quién no la cuota del partido, quien iba o no a las reuniones de la célula, y aplicaba contra ellos métodos coercitivos. En algunos casos hasta asesinaba. La arbitrariedad fue otra de sus características. Las cuadrillas asesinaron así a gente buena de la zona. La gente sentía un rechazo enorme hacia las FARC. Años después entendí por eso el fenómeno de la formación de autodefensas en Puerto Boyacá y el Magdalena Medio, como reacción a las arbitrariedades de las FARC[46].

En este año, además, el EPL llevó a cabo una acción conjunta con el ELN en Caucheras.

En 1979, SINTAGRO, que había entrado en receso después de los hechos de COLDESA, se reactivó con unos doscientos afiliados, fundamentalmente por los alrededores de la finca El Paraíso. El EPL nuevamente acudió en su apoyo asesinando a otro directivo de COLDESA, el holandés Jan Val Bommel, lo que volvió a agudizar las contradicciones internas y empujó a la guerrilla al borde de la extinción.

En nuestra organización hay un permanente debate debido a los errores que cometíamos y a los permanentes cambios en las concepciones y experiencias de una izquierda ortodoxa como la nuestra. Por ejemplo, frente a la Revolución Cubana tuvimos que hacer tres o cuatro cambios en

---

46 Ibid.

menos de cinco años. Frente a la guerrilla en otros países también cambiamos de opinión. Igualmente lo hicimos frente al papel de la lucha armada respecto al trabajo de masas. Nuestra concepción era tan dogmática que todos los días se chocaba con la realidad y eso aceleraba los debates internos. Hubo sectores intelectuales importantes por allá en 1974 que investigaban, que pensaban, que elaboraban materiales teóricos, que polemizaban, pero por el método que aplicábamos para resolver las contradicciones internas, esos debates terminaban en expulsiones. ¿La consecuencia? Brotaron entre veinte y veinticinco fracciones en menos de ocho años, unas de tipo nacional, otras de tipo local o regional. La crisis originó que toda la dirigencia que quedó después de 1974 entendiera que el cambio era apremiante. Se cambiaba, o todo el PCC-ML y el EPL perdían su razón de ser. Empezábamos a ver que la realidad era completamente distinta a lo que leíamos o escribíamos, o a las verdades irrebatibles que profesábamos. Nosotros manejábamos un concepto de un campesino de vanguardia, politizado. En resumen, el cambio nuestro no fue producto de grandes elaboraciones teóricas, sino de la propia realidad, que nos señaló el camino.

Se formó entonces una comisión para analizar la realidad nacional, el papel de la lucha armada, el papel de las organizaciones gremiales, el manejo de la lucha electoral, a la cual nos oponíamos como un asunto de principios. Al leer un poquito de marxismo, nos dimos cuenta de que no era tal. La crisis interna nos obligó a reflexionar y a leer los clásicos del marxismo. Nos incentivó para ver qué cambios debíamos adoptar.

Estos debates nos permitieron ir avanzando, pensar en un movimiento político amplio, intentar plantear una propuesta de apertura democrática en el país y por primera vez hablamos de la posibilidad de un diálogo, cosa antes imposible para nosotros. Por primera vez hablamos de la participación electoral. Empezamos a concebir unas nuevas formas de acción política, aunque con la desventaja de continuar en la clandestinidad, porque seguíamos considerando que el partido tenía que ser ilegal, porque para nosotros la clandestinidad era un principio. Eso nos llevó a entender que necesitábamos de un espacio legal, a través de aparatos legales como la Unión Democrática Revolucionaria, como la Juventud Revolucionaria de Colombia. Pero en la práctica era una incoherencia, un partido ilegal actuando en espacios legales.

Fueron años muy duros. Mucha gente se rajó y se retiró de la organización. Otros continuamos por convicción, aunque sabíamos que la realidad iba por otro camino al que nosotros planteábamos. Era tal la desinformación que cuando un compañero salía a la ciudad se le encargaba que trajera revistas y periódicos y en broma se le pedía que preguntara si no había triunfado ya la revolución. Era de los chistes más crueles que teníamos allá. Estábamos completamente aislados. No sabíamos nada del trabajo nuestro en Medellín ni qué pasaba en el país. Por eso el chiste cruel: "Vaya y pregunte si no triunfó ya la revolución y nos informa, no sea que nosotros estemos botando corriente aquí". En el fondo sentíamos que el campo desde el punto del desarrollo político presentaba enormes dificultades, sobre todo en los cuadros que venían de la ciudad, especialmente de la universidad y que estaban acostumbrados a estar informados, a elaborar permanentemente una idea acerca de la realidad, a estar en la jugada.

Entonces uno se sentía mal. Vivíamos aferrados solo a la lectura de las revistas

Albania Hoy y las revistas chinas. Sólo escuchábamos a Radio Tirana, a las ocho de la noche. Para eso reuníamos a todos los combatientes. Era como una obligación.

Para 1977 el EPL, solo contaba con diez hombres y un partido prácticamente desaparecido en el país. Cuando el partido se fraccionó, la Tendencia ML se llevó la mayoría de los hombres, incluyendo los cuadros más calificados. No los supo cohesionar, pero se los llevó. La década del setenta representó para nosotros un trabajo difícil, cerrado, casi sin posibilidades fuera de la lucha armada[47]".

Julio César Turbay Ayala asumió la Presidencia de la República el 7 de agosto de 1978. Recogió la crisis política, económica y social que le dejó López Michelsen. Fue saludado efusivamente por una nueva guerrilla urbana, de tinte derechista, sin cohesión ideológica, bastante folclórica en su accionar y de jefes pintorescos, que había tenido sus raíces en la ANAPO y que pretendía llegar por las armas al gobierno para reformar el Estado sin alterar la estructura del modo de producción capitalista. Tomaba su nombre de aquel 19 de abril, fecha en la que el gobierno de Lleras Restrepo le robó las elecciones al general Rojas Pinilla, como

---

47 Ibid.

había de quedar comprobado años después con el escrito del "Tigrillo" Noriega.

La guerrilla se llamó Movimiento 19 de abril, M19, y saludó el advenimiento de Turbay con una osada acción, consistente en robar cinco mil armas por un túnel que iba desde una casa vecina hasta el arsenal de una instalación militar en el norte de Bogotá.

La acción se conoció como el "robo de armas del Cantón Norte" y fue ejecutado la noche de año nuevo, mientras los militares, relajados, celebraban la fiesta. El hecho se convirtió en un gran acontecimiento de la vida nacional e internacional y desató inmediatamente una violenta reacción del gobierno, que expidió el Estatuto de Seguridad y entregó a las fuerzas militares toda clase de facultades para reprimir cualquier expresión de descontento popular. El Estatuto no atacó tanto a la guerrilla como a los sindicatos, los partidos de izquierda y las organizaciones de docentes y estudiantes. Centenares de personas fueron detenidas, torturadas o muertas, algunas sin ningún vínculo con el M-19, según múltiples denuncias de organismos humanitarios nacionales y extranjeros.

A pesar de los golpes recibidos, el M-19 continuó con sus acciones terroristas, todas espectaculares, que facilitaron la represión a los movimientos populares. Uno de sus comandos se tomó las instalaciones de la Embajada de la República

Dominicana la noche en que se celebraba el Día Nacional del hermano país y había más de veinte embajadores presentes, entre ellos el de Estados Unidos y el Nuncio del Vaticano.

Después de la cruenta retención, que duró varias semanas, el gobierno de Turbay negoció con el M-19 la liberación de los embajadores a cambio de que el comando guerrillero pudiese abandonar el país con destino a Cuba, con dos millones de dólares en el bolsillo. A su regreso de Cuba, donde fueron reentrenados y reaprovisionados, los guerrilleros desembarcaron en Colombia por los manglares cerca al puerto de Tumaco, bajo el mando del médico santandereano Carlos Toledo Plata. Detectados por el ejército, huyeron hacia el Ecuador perseguidos por las fuerzas militares de los dos países. Los que no murieron fueron detenidos y muy pocos lograron salvarse.

Tiempo después, otro comando logró secuestrar un avión de la línea Aeropesca, llevarlo a La Guajira, cargarlo con armas y acuatizar en el río Orteguaza, departamento del Caquetá, destino final del cargamento.

El gobierno incrementó aún más la persecución contra el movimiento guerrillero, a tal extremo que para 1982, cuando termina el gobierno de Turbay, era un fenómeno prácticamente extinguido, con el M-19 duramente golpeado, el ELN y el EPL desaparecidos de la escena política y militar y las FARC muy limitadas en su trabajo. Este panorama fue el que recibió Belisario Betancur al llegar al poder en 1982.

En síntesis, la zona bananera de Urabá no solo era ya una realidad irreversible, sino que hacía contribuciones importantes a la vida económica y social del país.

El sindicalismo empezaba a consolidarse en la zona por la acción de las organizaciones políticas interesadas en ganar una influencia definitiva entre los trabajadores bananeros. En contraste, la guerrilla pasaba por su peor momento en esta década, asfixiada por sus propios errores y por la acción represiva de los diversos gobiernos, particularmente el de Turbay Ayala. Estrictamente hablando, se hallaba a punto de desaparecer de la escena política del país.

En el plano internacional, el principal fenómeno de la década fue la creación de la Unión de Países Exportadores de Banano, UPEB, por parte de algunos países productores latinoamericanos, que veían cómo las multinacionales bananeras atropellaban sus intereses y derechos. Fue un momento de gran nacionalismo, que se fue diluyendo merced a la presión ejercida por las empresas transnacionales contra los gobiernos, tradicionalmente obsecuentes. Así, la UPEB perdió la iniciativa para quedar reducida a un simple organismo de información.

En suma, este fue el panorama que recibió Belisario Betancur al llegar a la Presidencia en 1982: Una agroindustria en crecimiento a pesar de los nubarrones que oscurecían el mercado internacional, un movimiento sindical en expansión y una guerrilla casi exterminada física y políticamente.

Tercera etapa.

EL INICIO DE LA CRISIS BANANERA Y LA GUERRA SINDICAL

(1982-1990)

LAS MULTINACIONALES SE RETIRAN

El tercer período de la producción bananera está determinado básicamente por las políticas del gobierno de Belisario Betancur, particularmente la de la paz, que trajo como consecuencia la irrupción del movimiento guerrillero en la zona bananera. Fue paradójicamente desde la Casa de Nariño desde donde se le dio impulso a la guerrilla, en especial a la prosoviética de las FARC, justo en momentos en que la URSS desataba su ofensiva estratégica por el control del mundo.

La década se inicia con una gran recesión económica mundial. El comercio sufrió una contracción del 5%, y el PIB de los países industrializados tuvo un crecimiento negativo del 0,5%. Las exportaciones de América Latina cayeron un 10% en comparación con la década anterior, cuando el crecimiento promedio fue del 19%[48]. Belisario Betancur llegó a la Presidencia en agosto de 1982 con una política económica tendiente básicamente al control de la inflación, aunque en el camino rectificó y pretendió reducir el saldo desfavorable de la balanza comercial acelerando el ritmo de la devaluación. Impuso un severo control a las importaciones y pasó el 90% de los productos importados a control previo. Al finalizar el año, las exportaciones colombianas habían disminuido un 7% con respecto al año anterior, explicado por un descenso del 11% en las exportaciones menores. Por primera vez desde 1972, el comercio exterior colombiano se redujo en su volumen, en 1982, en un 10% menos que en 1981. La inflación llegó al 16,6% y la devaluación al 26%, cuando el año anterior había sido del 19%.

Para el sector bananero, el año fue de sinsabores, pues si bien es cierto que el desempeño de la economía colombiana lo favoreció en algunos aspectos como la devaluación, en otros se vio perjudicado, como en los costos de producción, que crecieron un 28,7%, especialmente por el aumento en el valor del control de la Sigatoka Negra. Es decir, la devaluación no compensó los costos de producción.

---

48 RAMIREZ, Margarita. Análisis coyuntural de la actividad bananera. En: AUGURA: Órgano de difusión de AUGURA. Año 4, No. 1, 1983-.

A pesar de que el precio FOB aumentó en un 7%, el precio real disminuyó. AUGURA obtuvo un CAT bananero del 10%. El banano siguió siendo el segundo producto de exportación colombiano después del café y el primero entre las exportaciones menores. El volumen de fruta exportada aumentó en un 6% entre 1982 y 1983, debido fundamentalmente a desastres naturales ocurridos en otros países exportadores. Sin embargo, unas 150.000 toneladas de banano, un 20% de la fruta con calidad de exportación, se dejaron de exportar por problemas de un mercado sobreofrecido[49].

Debido a la recesión económica mundial, a los problemas políticos internos y a las particularidades del negocio bananero, las multinacionales decidieron retirarse de Colombia. En marzo de 1982, Standard Fruit efectuó su último embarque desde Urabá, mientras que la UNITED redujo sus contratos en un 36% y se retiró definitivamente del Departamento del Magdalena. La tercera, Del Monte, se negó a mejorar el precio del banano exportado por BANACOL, por lo cual esta empresa creó a Banana Services con el propósito de mercadear su banano, tal y como ya lo venía haciendo UNIBAN con Turbana Co.

Ante la salida de UNITED del país, los productores colombianos que exportaban por intermedio de

---

49 Ibid.

Frutera de Sevilla (UNITED) fundaron, en abril de 1983, una nueva comercializadora internacional de banano, PROBAN, que en sus inicios obtuvo un contrato de venta de su fruta a cinco años con la empresa Chiquita International Trading Co., Citco, es decir, la misma UNITED. PROBAN inició sus actividades con 4.000 hectáreas, y al finalizar el año había exportado diez millones de cajas, bajo la conducción de Andrés Restrepo, exministro de Desarrollo y exembajador de Colombia en Londres, quien fuera nombrado su primer presidente.

Durante el año de 1983 se presentaron diversos desastres naturales en áreas bananeras del mundo –inundaciones en Ecuador, sequía en Filipinas y vendavales en Honduras y Guatemala–, que finalmente favorecieron a Colombia, pese a que la zona de Urabá sufrió un intenso verano. La oferta mundial se redujo en un 15%, mientras que las importaciones apenas alcanzaron las 6,2 millones de toneladas, igual cantidad que doce años antes, en 1971. El precio del banano colombiano alcanzó el nivel de los USD 429 por tonelada. Lo anterior posibilitó que Colombia ocupara el segundo lugar mundial como país exportador de banano, después de Costa Rica. El año anterior había ocupado el quinto lugar después de Ecuador, Costa Rica, Honduras y Filipinas. El país obtuvo un 13% del mercado mundial bananero y las divisas generadas llegaron a los USD 145 millones. La rentabilidad del negocio se mantuvo gracias al precio de oportunidad, la devaluación del 26,3% y el CERT del 10%, y a pesar del aumento de los costos de producción en un porcentaje del 21,6%. [50]

---

50 Ibid.

CON BELISARIO REVERDECEN LAS FARC

La estrategia política fundamental del gobierno de Belisario Betancur fue la de impulsar un nuevo proceso de paz con el movimiento guerrillero. Al siguiente mes de posesionado, el mandatario conservador nombró una Comisión de Paz conformada por diversas personalidades de la vida nacional, cuya misión consistía en buscar el acercamiento con los diversos grupos alzados en armas, a fin de entablar diálogos que condujesen a la firma de eventuales acuerdos de paz. En noviembre, el gobierno expidió la Ley 35, que concedía una amnistía a los subversivos que se acogiesen a la ley.

La política de paz de Belisario Betancur tuvo como consecuencia inmediata el relajamiento de la presión militar que venía ejerciendo el gobierno de Turbay y que le había dejado a su sucesor un movimiento guerrillero casi en vías de extinción. Los grupos guerrilleros, que en Urabá eran más bien un fenómeno localizado en la Serranía de Abibe y cuya presencia en la zona bananera era esporádica y casi nula, aprovecharon la ocasión para ocuparla. Intensificaron primero su presencia en el movimiento sindical, unos intentando ganarse a SINTAGRO, claramente influenciado por el EPL, y otros revitalizando a SINTRABANANO, con el apoyo de las FARC. La disputa por la hegemonía entre ambas fuerzas va a desembocar en la "guerra sindical", un enfrentamiento violento por definir la dirección política y sindical, poniendo a los trabajadores bananeros como carne de cañón y entre dos fuegos.

Se impuso el sindicalismo armado. Una noche cualquiera, el EPL llegaba a alguna finca con formularios de afiliación a SINTAGRO y obligaba por las armas al personal a asociarse a dicho sindicato, mientras que, en otra finca, las FARC hacían lo mismo a favor de SINTRABANANO. No era extraño, por esos días, que a la noche siguiente, con las cartas de desafiliación listas, el EPL llegara a la finca donde la víspera las FARC habían obligado al personal a afiliarse a SINTRABANANO, forzando a los trabajadores a afiliarse a SINTAGRO. Las FARC adelantaban una labor similar en las fincas donde los trabajadores bananeros habían sido compelidos a afiliarse a SINTAGRO.

Solo este proselitismo armado explica el desmesurado crecimiento de afiliados de las dos organizaciones sindicales. SINTAGRO, prácticamente desaparecida en 1983 después de fracasar la negociación del pliego de peticiones en la finca Los Bongos, tenía ya 147 afiliados el 26 de agosto de 1984, apenas tres días después de firmada la tregua con el EPL, pero en noviembre, solo tres meses después, los afiliados sumaban mil quinientos y, al comenzar el año 1985, cuatro mil quinientos. Al siguiente año, el número de agremiados ascendía a 11,400. Caso insólito, único en el mundo.

Los grupos guerrilleros le vendieron a la opinión pública la idea de que la exacerbación de la violencia en Urabá obedecía a problemas laborales y al clima de injusticia social que sufría la zona. Si bien es cierto que los había, nunca fueron de la magnitud que se quiso mostrar. Los problemas sociales de Urabá, graves y endémicos como los del resto del país, tampoco justificaban la escalada de terror y muerte que vivió la zona bananera de Urabá por esos años.

El antiguo comandante guerrillero narra el fenómeno del reverdecimiento:

A nosotros nos revivieron un poco los cambios que se dieron en los ochenta con el XI Congreso, que permitieron un crecimiento más acelerado del EPL y el recoger de nuevo viejos cuadros que se habían retirado cuestionando la línea. Y el proceso de paz del 84 definitivamente nos dio el impulso necesario, primero, para ser una organización nacional, y segundo, para ganarnos un espacio político importante.

Como consecuencia del XI Congreso, el número de cuadros bajó en Urabá, porque regresaron a Medellín a trabajar en el sector obrero. Pero quienes nos quedamos nos concentramos en la zona bananera y privilegiamos el trabajo de las organizaciones sociales, particularmente de los sindicatos. Desde el punto de vista militar también nuestro trabajo cambió, porque nos salimos de las zonas alejadas del Sinú y nos concentramos en el triángulo Turbo, Necoclí y San Pedro. El XI Congreso, de 1980, cambió el peso del trabajo nuestro en Urabá. Ya no era solo la zona ChigorodóMutatá, sino todo el eje bananero.

Desde el punto de vista militar también implicó acercarse a la zona bananera, por su concentración de población y por el poder económico y político que tenía. Nos obligó también a acercarnos a la clase obrera bananera a través de su organización sindical.

Para ello iniciamos contactos con la dirección sindical de SINTAGRO y vimos la necesidad de trabajar más a fondo con esta organización. Fue lo más positivo para nosotros, porque se logró consolidar nuestra presencia en el campo sindical de Urabá. A partir de entonces, nosotros empezamos a estimular la llegada de obreros bananeros al PC-ML y al EPL. Estuvimos cinco años sin reclutar un solo militante y sólo lo vinimos a lograr en 1981. Hasta allí estábamos prácticamente concentrados en Currulao y en El Tres. La oficina de SINTAGRO quedaba en El Tres y la pasamos a Currulao. Inicialmente sólo teníamos 30 afiliados. Hacia el 82 nos metimos duro al sector de La Magdalena y Los Bongos, y subimos los afiliados a más de cien. Ahí es donde presentamos el famoso pliego de peticiones a Los Bongos, donde copiamos exactamente el pliego de los trabajadores de Cartón de Colombia. Hubo una mala conducción nuestra, dejamos intervenir el aparato armado en el conflicto y eso generó retaliaciones, el asesinato de algunos dirigentes y que el sindicato fuera borrado del mapa por más de un año.

Nosotros no habíamos ganado una gran presencia militar ni manejábamos un concepto de grupos armados. Teníamos unos aparatos a los que llamábamos los Comures, Comités Militares Urbanos y Rurales, similares a lo que las FARC llaman ahora milicias. Estos Comités son los que empiezan a desarrollar una agitación armada, a hacer reuniones de hombres armados en las fincas, y con ellos cometemos el error de intervenir en el conflicto de Los Bongos. Los trabajadores nuestros empiezan a ser despedidos de la finca y SINTAGRO a ser señalado como rojo por mantener vínculos con grupos armados. Realizamos un proceso de rectificación a partir de 1982. Dos años después, cuando se abren nuevas condiciones para hacer trabajo público y se logran ciertos niveles de convivencia con algunos empresarios, salimos nuevamente adelante en el trabajo sindical. Los patronos entendían que, al abrirle espacio al sindicato, rebajaban la presión armada contra ellos. [51]

---

51 ENTREVISTA con Mario Agudelo excomandante guerrillero del EPL. Desmovilizado.

El mismo jefe guerrillero destaca cómo la tregua otorgada por el gobierno de Belisario Betancur fue uno de los factores decisivos que le permitieron al EPL consolidarse en la región:

Para nosotros, lo más importante del 84 fue haberle abierto un espacio al trabajo de masas a través de SINTAGRO. Ese sindicalismo se fue desarrollando muy de la mano del PCC-ML y lógicamente del EPL. El período de tregua no solo nos facilitó esa apertura política, sino también un mejoramiento de las condiciones laborales de los trabajadores bananeros. Cuando logramos ganar una presencia importante en Currulao, Riogrande, El Tres, Coldesa, La Suerte, San Jorge y los Guaros, a finales del 83 y empezamos a hacer manifestaciones públicas de 500 y 800 personas, se dio un fenómeno que a nosotros nos desbordó: el que no solamente fue el obrero bananero el que se acercó, también gente de otros sectores como Sindebras, sindicato que históricamente había sido manejado por la CTC, con un concepto clientelista, como una bolsa de empleo de contratistas. Era impenetrable, pero fue un núcleo de ellos el que vino a nosotros, y de la noche a la mañana organizábamos reuniones de 200 personas, sin tener ahí ni un solo militante.

La gente empezó a venir y en la medida en que se planteó cambiar la junta directiva de Sindebras, tropezamos con la CTC, que intentó evitarlo con argucias jurídicas y por encima de la voluntad de los trabajadores. Pero se dio entonces otro fenómeno, y fue la intervención del aparato armado. Se fue generando entonces un proceso espontáneo que nos fue abriendo las puertas para llegar masivamente a otros sectores. Llegamos incluso hasta los trabajadores de UNIBAN e hicimos un intento de conformar ahí un sindicato. Por múltiples circunstancias, entre otras porque el manejo que le dimos al sindicato no fue el mejor, ese intento fue derrotado. Se dio el fenómeno de Punta de Piedra, donde la gente se acercó a nosotros espontáneamente. Habían hecho una invasión de tierras sin intervención nuestra y fue después cuando pidieron nuestra ayuda. Y con esa concepción que teníamos de guerra popular revolucionaria, cualquier conflicto lo subordinábamos a la lucha armada.

En las fincas bananeras inicialmente no operaba el brazo armado. Operó en algunos casos contra los bananeros, en lo que nosotros llamábamos ajusticiamientos, además de la labor de extorsión que arrancó con mucha fuerza en el 83 por el área de Currulao y San Jorge. La presión armada contra los trabajadores empezó a darse en 1984, después de la guerra sindical, cuando por las armas empezamos a definir quien tenía más influencia y poder entre los sindicatos. Nosotros nos metimos a reorganizar a SINTAGRO, tres días después de firmar los acuerdos de tregua. En diciembre de 1984 presentamos unos diez pliegos, sobre todo en fincas del área de San Jorge. Algunas fincas se negaron a negociar, por lo cual impulsamos unas movilizaciones en el sector, incluida la toma del embarcadero de Nueva Colonia. Como uno de los pliegos era el de COLDESA y la empresa se negaba a negociar, se llegó a que la gente, en pleno 24 de diciembre, les invadiera unas tierras que dan a Currulao, para construir vivienda.

En general, no abrigábamos muchas expectativas respecto a Belisario. Hay que anotar cómo el gobierno de Turbay también había intentado hacer avances en el proceso de paz, con una comisión presidida por Lleras Restrepo y hasta propuso una amnistía, previa la rendición. A pesar de ser una propuesta inaceptable, fue al menos un primer intento después del

Frente Nacional de buscar un acercamiento con el movimiento guerrillero. Cuando Belisario accedió al poder, nos dedicamos a desgastar sus programas demagógicos como el de "casas sin cuota inicial" y "universidad a distancia". Subestimábamos su propuesta de diálogo y de paz. [52]

Pese a la desconfianza, el que las FARC hubieran entablado con el gobierno de Betancur un proceso de diálogo provocó una aguda lucha intestina en el seno del EPL, pues había fracciones partidarias de un acercamiento con el gobierno:

Y la verdad es que la primera organización guerrillera que respondió a la propuesta del gobierno fueron las FARC, ellas solas, como ha sido siempre su actitud hegemonista. Nosotros rechazamos los diálogos de las FARC con el gobierno. Pero en el Comité Central del PC-ML se abrió un debate, por un lado, la línea ortodoxa encabezada por Caraballo, que rechazaba cualquier posibilidad de entendimiento con el gobierno, y por el otro, un sector minoritario dirigido por Oscar William Calvo, que planteaba la posibilidad de estudiar la propuesta de Belisario. El debate nos mostró la necesidad, al menos, de ofrecer propuestas prácticas. En el Congreso de

52 Ibid.

1980 habíamos definido unas ideas, una estrategia y un esquema, pero desde el punto de vista táctico no desarrollamos propuestas concretas.

Cuando se dio el proceso de paz, ya nosotros traíamos un trabajo consolidado en algunas áreas como La Magdalena y Los Guaros. Al iniciar la negociación con Betancur, teníamos seis o siete fincas muy influenciadas. El acuerdo se firmó el 23 de agosto en Medellín y el 26 hicimos asamblea de relanzamiento de SINTAGRO en Turbo, con unos 150 socios, y para noviembre, ya contábamos con unos mil quinientos afiliados. [53]

Fue entonces cuando estalló uno de los fenómenos más graves de que se tenga noticia en la historia de Urabá y del país entero: la guerra abierta entre dos sindicatos, el orientado por el Partido Comunista y el dirigido por el Partido Comunista-ML.

En una primera etapa, la gente iba a la sede de SINTAGRO a afiliarse espontáneamente, pero después todo cambió cuando empezó la guerra sindical, que se impuso por un hecho y es que todo el núcleo nuestro estaba concentrado en Currulao. Eso permitió que hacia Riogrande, El Tres, Coldesa, La

---

53 Ibid.

Suerte y San Jorge, los puntos fuertes del sindicato, creciera nuestro trabajo. Nosotros no entendimos que esos sectores eran corredores estratégicos de las FARC hacia la carretera y hacia la cordillera. Precisaban ser hegemónicos en esos lugares, porque necesitaban gente confiable alrededor de la carretera, para ellos poder subir o bajar de la montaña. Tampoco habíamos entendido la importancia de Currulao para ellos, porque arriba está Nueva Antioquia. Ellos inician la guerra contra nosotros en Currulao y en Arcua, donde se presentan los primeros asesinatos contra gente nuestra. Con el trabajo sindical empezamos a tocarle puntos sagrados y estratégicos al Partido Comunista, que históricamente habían sido de ellos, como Arcua y Currulao. En la sola finca Villa Nueva hubo más de treinta muertos. En la finca Petra, muertos. En El Semillero, muertos. En Expoban, muertos.

Nos tocó reaccionar cuando vimos que había una guerra en contra de nosotros. Como también teníamos brazo armado, alguna gente empezó una campaña de retaliación contra el Partido Comunista y las FARC. La diferencia era que mientras la operación de exterminio de las FARC contra nosotros era dirigida y orquestada desde arriba, como el atentado contra la sede de SINTAGRO en Currulao, en el caso nuestro se daban acciones específicas de respuesta. Decíamos, "hay que hacer esto" y lo hacíamos.

La guerra trajo como consecuencia que por encima del trabajo sindical se colocara el fenómeno de las armas. La guerra sindical del 84 llevó a que durante una fase importante, los sindicatos SINTAGRO y SINTRABANANO dispusieran de brazo armado cada uno, el EPL y las FARC, respectivamente. Es decir, por un lado estaba SINTAGRO, dirigido por el PC-ML y apoyado por el EPL y por el otro estaba SINTRABANANO, dirigido por el Partido Comunista y apoyado por las FARC. La guerra sindical intimidó a los trabajadores y alimentó en los años siguientes una costumbre muy negativa en el sentido de que el poder sindical no se ganaba con el trabajo de los activistas sino por la intimidación, que después degeneró en terrorismo contra los propietarios y los administradores.

Cuando irrumpimos años atrás en la zona bananera, nosotros hacíamos un trabajo político y sindical, pero sin identificarnos como miembros del PC-ML o del EPL. Sin embargo, las FARC empezaron a señalarnos como miembros de la Defensa Civil, lo que prácticamente significaba la pena de muerte. Nos montaron incluso operativos armados en COLDESA y Currulao. Una vez nos escapamos de ser asesinados en El Tres, cuando la sede de SINTAGRO estaba allí, porque un habitante nos dijo: "Ahí atrás vienen".

En 1983 ya el Partido Comunista y las FARC no hablaban mucho de nosotros porque pensaban que ya nos habíamos acabado. Ellos estaban muy desgastados tanto en la estructura política como en la sindical y militar. Tanto, que cuando SINTAGRO se fortalece y empieza a negociar pliegos y abre oficina, y los obreros llegan a afiliarse, el Partido Comunista nos envió a uno de sus principales dirigentes, Alberto Angulo, de SINTRABANANO, a proponer negociación conjunta de pliegos. A nosotros nos sorprendió, pero entendimos la maniobra. Ellos estaban prácticamente desaparecidos sindicalmente y querían pegarse a la fuerza de nosotros. Ese fue el primer intento de SINTRABANANO por acercarse, pero con el objetivo de no perder las fincas que para las FARC eran estratégicas y en las que ya nosotros teníamos un importante trabajo sindical, sobre todo, muy arraigada, en Currulao. Entonces, el Partido Comunista, al ver que no nos pudo meter en el cuento de negociar conjuntamente los pliegos de peticiones, empezó a golpearnos en Arcua, porque para ellos Arcua y Riogrande eran territorios sagrados.

En ellos nunca despareció la actitud hegemonista, así fuera política, sindical o guerrillera. Empezaron a darnos plomo en Arcua y siguieron después en Villa Nueva, Coldesa, Expoban, Pradomar. Llegaron incluso a matar a siete personas en una heladería de Currulao llamada Buenos Aires, en la entrada de la carretera para Nueva Antioquia. Cuatro de los muertos eran compañeros nuestros que trabajaban en Villa Nueva, pero los otros tres, incluyendo a la mesera, no tenían nada que ver. Dispararon indiscriminadamente. A partir de esa acción de las FARC contra nosotros se reactivó SINTRABANANO[54].

En medio de un clima tan enrarecido, algunos de los dirigentes comenzaron a entender la urgencia de entrar en la política. Pero si se quería hacerlo, remarcaban algunos, había que replantear antes la lucha armada:

---

54 Ibid.

En el 83 empezamos a hacer propuestas como la de "apertura democrática", y hasta planteamos la "democratización" de las fuerzas militares. Esta reflexión nos llevó a entender la importancia de los diálogos de paz, que concluyeron finalmente con la firma de los acuerdos de tregua en 1984. La propuesta de "apertura democrática" nos hizo ver la necesidad de ganarnos un espacio político mucho más amplio. Todo esto nos permitió salir a la escena pública con cosas tan elementales como sacar por primera vez pancartas en los actos de masas y lanzar en ellos a voceros oficiales de nuestra organización. La gente se echaba la bendición. Llegó un momento en que entendimos qué si no manejábamos el aparato armado de una manera diferente, no podíamos seguir abriéndonos ese espacio. El espacio político abierto no se podía combinar con una ofensiva militar. Esa fue la primera reflexión que se tuvo respecto a la posibilidad del diálogo.

Cuando nuestra dirección central planteó la posibilidad del diálogo, hubo incluso necesidad de mandar a recoger una edición del periódico Liberación, porque el titular de la primera página decía: "No al diálogo", justamente cuando se tomó la decisión de explorar los diálogos de paz. Se nombró a

Oscar William Calvo como vocero oficial del EPL en los diálogos y se eligió a voceros regionales allí donde teníamos vida política. Oscar William primordialmente inició un trabajo interno, porque entre nosotros había mucha resistencia. Entendíamos la necesidad del diálogo para abrirnos espacio político, pero en el fondo no estábamos muy convencidos de los alcances de esa posibilidad. En nosotros había diferencias, pero predominaba una línea: la de alcanzar una tregua para ampliar el espacio político. Íbamos a silenciar los fusiles, pero para seguir la estrategia de copar todo el país creando aparatos armados, consolidar la estructura de ejército y modernizarnos. La tregua en realidad era un espacio para fortalecernos militarmente. Nos abrimos primero un espacio político y sin desarmarnos ni contemplar la desmovilización, nos damos a conocer a la vida pública para fortalecer el trabajo militar. Es decir, trabajábamos a dos manos. El M19 empezó a hacer lo mismo, pero en las ciudades. Llegaron incluso más lejos: crearon "campamentos de paz" en los barrios populares, tanto en Medellín como en Cali y Bogotá, cuya finalidad era reclutar gente, armar milicias y estratégicamente fortalecer el concepto de guerra. [55]

---

55 Ibid.

LA PRODUCCIÓN EMPIEZA A SUFRIR EL COLETAZO

Se planteaba una lucha a muerte entre las dos guerrillas hegemónicas en Urabá, las FARC y el EPL. Aun así, en 1984 la actividad agroindustrial tuvo un comportamiento destacado: El valor de las exportaciones fue de USD 180 millones, un 30% más que en 1983. El volumen exportado se incrementó en un 19%, llegando a las 50,8 millones de cajas, dejándose de exportar 600.000 cajas por problemas de mercado. La productividad alcanzó un buen nivel de 2.300 cajas por hectáreaaño. [56]

Con este resultado, el gremio bananero demostró que no se dejaba arredrar a pesar de las dificultades.

---

56 ESTADISTICAS. En: Carta Informativa: Órgano de difusión de AUGURA. No. 5 (dic./1993). p. 2627. ISSN 01205706

Sin embargo, preocupado por la escalada terrorista, y con ocasión de la presentación de la Operación Urabá por parte del gobierno nacional, que trazaba las estrategias fundamentales para la región, el gremio presentó a consideración del poder central un documento titulado "AUGURA reclama presencia del Estado en Urabá"[57].

Se denunciaba el vacío de autoridad, señalando la inseguridad como el principal problema que sufría la actividad bananera, además de la baja inversión pública, que solo alcanzó el 3% del PIB regional, mientras que el sector agropecuario participaba del 50% del mismo, en una región cuya tasa de crecimiento demográfico llegaba al 7% anual.

El desenvolvimiento de la economía durante 1984 fue del 3,2% del PIB, lo que obligó al gobierno a realizar ajustes macroeconómicos al año siguiente para resolver el problema fiscal y cambiario, orientando la política económica hacia la consecución de créditos externos. En el frente externo, se manejó la tasa de cambio como instrumento de ajuste y se desmontaron otros mecanismos de manejo cambiario.

Se aceleró el ritmo de la devaluación y se comenzó un desmonte gradual de los incentivos a las exportaciones, en conjunción con un proceso de liberación de importaciones. En el campo fiscal,

---

57 Ibid.

se orientó la política al recorte de los gastos de funcionamiento y se fijó un tope del 10% para el aumento salarial. La Ley 55 de 1985 eliminó el CERT a mediados del año, aunque en diciembre, con la Ley 108 de 1985, se echó atrás la medida. Después, el Decreto 3832 de 1985 fijó el CERT bananero en 5%, disminuyéndolo, e inició el desmonte de otras fuentes de financiación como el Fondo Financiero Agropecuario.

A fin de favorecer al capital financiero, se acentuó la descapitalización del Fondo de Inversiones Forzosas, y, por añadidura, las tasas de interés de los créditos de fomento de PROEXPO, del 18%, se igualaron con las comerciales, al 22%. El gobierno gravó en 8% las importaciones tipo CIF del sector bananero y colocó un IVA del 10% para ingredientes activos importados, encareciendo los costos de producción. Como si fuera una ofensiva planificada contra la industria bananera, reajustó el avalúo catastral en un 10% por medio de la Ley 14, golpeando aún más a los productores. La meta de devaluación se fijó entre el 45% y el 50%. [58]

La política económica del gobierno, orientada a hacer ajustes en el sector externo, afectó hondamente al sector productivo bananero por tratarse de una actividad exportadora. La devaluación, que finalmente se situó en el 48%, si

---

58 Coyuntura bananera 1985, eneroabril 1986. <u>En:</u> AUGURA: Órgano de difusión de AUGURA. Año 12, No. 1, 1986; p.3747

bien favoreció a los productores por el cambio a pesos colombianos, también los perjudicó al pagar mayores valores por las importaciones. Los costos de producción alcanzaron un incremento del 36,5% para el año, mientras que el CERT efectivo apenas llegó al 6%. La economía nacional creció solo un 2% en el PIB, disminuyendo notoriamente frente a 1984.

El desempeño de la economía y la situación de orden público incidieron muy profundamente en los resultados de la actividad bananera, que se desenvolvió en un clima de inseguridad y violencia, como ocurrió en todo el campo colombiano. A raíz de la escalada violenta a mitad del año, un 12% de los trabajadores decidió retirarse de las fincas, ocasionando un gran atranque financiero y un vacío laboral que no fue posible llenar aun con mejores condiciones, por su inmediatez.

A todo lo anterior debió sumársele la falta de inversión estatal, la deficiente infraestructura social y, como un problema crónico, la ausencia de una infraestructura portuaria y de transporte, la fuerte alza en el valor de los insumos y nuevos incrementos en tributos. El fuerte verano del primer semestre afectó notablemente la cantidad y calidad de la fruta, y los altos costos de control de la Sigatoka Negra se ubicaron en los $600.000 por hectárea.

A pesar de los fuertes vendavales que afectaron a Centroamérica, especialmente a Costa Rica,

Honduras y Panamá, Ecuador se recuperó de las inundaciones y aumentó su producción en un 24%, Guatemala mejoró sus exportaciones en un 20% y Honduras lo hizo en un 25%. Colombia, en cambio, bajó su producción en 8.508.000 cajas y su productividad en un 18%, llegando apenas a las 1.875 cajas por hectárea al año. Costa Rica, afectada por vendavales y por el abandono por parte de la UNITED de 1,400 hectáreas en la zona sur y de 600 hectáreas en el Atlántico por parte de la Standard, disminuyó también su producción. Los precios en el mercado mundial se deprimieron, llegando en Estados Unidos a los niveles más bajos de la década.[59]

AUGURA denunció que la paz laboral estaba en peligro por los paros ilegales, las operaciones tortugas, el vandalismo, las amenazas a trabajadores, empleados, administradores y propietarios de fincas, y la presión de los distintos grupos armados. Coincidió la ola terrorista con la presentación de pliegos de peticiones por parte de SINTAGRO. Que algunas empresas desconocieran las convenciones y pactos colectivos recientemente firmados agravó la situación, como también algunos de los nuevos pliegos, con peticiones completamente absurdas. A la finca La Suerte se le exigía una cantidad diaria de bolsas de agua pura superior a lo que la fábrica podía producir en una semana.

---

59 Ibid. P. 37 - 47.

PREOCUPACIÓN POR LO SOCIAL

La guerrilla, con todo, logró vender la idea de que la racha terrorista adelantada por ellos tenía sus raíces en los conflictos laborales y sociales, cuando en realidad se trataba de una disputa política y sindical violenta por la hegemonía. El gremio bananero asumió también que la causa del desborde violento en la zona era "lo social" y contrató al sociólogo Juan Guillermo Restrepo[60] para realizar un estudio confidencial que permitiera diagnosticar los problemas principales.

El informe final, presentado en marzo, sobre una investigación adelantada en 40 fincas, un 15,3% del total, concluía: Había 35.000 personas habitando la

---

60 RESTREPO, Juan Guillermo. Anotaciones sobre el nivel de vida de la población. Zona bananera, Urabá, Antioquia. Medellín: AUGURA, 1985. 64 p.

zona bananera, equivalente al 12% de la población total de Urabá. De ellas, 12.500 eran trabajadores bananeros, agrupados en 6.000 familias. Existía un bajo nivel de vida en comparación con el desarrollo alcanzado por la agroindustria. El gremio solo se había preocupado por el negocio, sin poner atención a la situación social de los trabajadores, agravada por la tradicional desprotección del Estado. Cada día se agrandaba más la distancia entre una producción cada vez más tecnificada y una población que no podía atender sus mínimas necesidades. El gremio debía ser más partícipe del desarrollo social, aunque no le correspondiera asumir la totalidad de las obligaciones del Estado.

Sobre la vivienda, la investigación informaba que el 11,27% de la población bananera residía fuera de las fincas. El 0,62% de los trabajadores contaba con vivienda propia. El 5,30% vivía en habitaciones alquiladas, mientras que el resto lo hacía en los campamentos de las fincas.

Acerca de la educación, el estudio indicaba que el analfabetismo entre los trabajadores era del 24,5% y el analfabetismo funcional alcanzaba el mismo promedio. Para los analfabetos y los adultos, los programas de capacitación eran inexistentes. El índice de niños en edad escolar que no asistían a la escuela oscilaba entre el 5% y el 10%, y el nivel de educación promedio no sobrepasaba los dos años. El estudio reconocía que los propietarios y los administradores estaban preocupados por la situación y habían adelantado algunas acciones, prácticamente sin la colaboración del Estado.

En cuanto a la salud, el investigador admitía que era el área en la que el gremio más había participado, brindando un servicio privado y eficaz, dada la ausencia de entidades oficiales. Las enfermedades más comunes eran las gastrointestinales, debido a la calidad del agua consumida, seguidas por la avitaminosis, el paludismo y las venéreas. Había alta demanda de servicios médicos y el gremio destinaba importantes sumas de dinero a la atención sanitaria. El costo promedio mensual en salud por trabajador era de $950. La atención odontológica era inexistente. Respecto a la salud ambiental, el sociólogo Juan Guillermo Restrepo informaba que las deficientes condiciones de saneamiento configuraban una seria limitante para el mejoramiento del nivel de vida. Faltaba agua potable, aunque el 60% de las fincas tenía pozos artificiales y el 40%, pozos profundos.

Si bien es cierto que el gremio se rezagó en mejorar la calidad de vida de sus trabajadores en la medida en que el cultivo se consolidó y desarrolló, también lo es que hasta el momento había asumido prioritariamente las obligaciones sociales que correspondían al Estado, además de las obras de infraestructura inherentes a la actividad, que también merecían la presencia gubernamental. Y si también es cierto que las condiciones de vivienda y ambientales no eran las mejores, al menos eran gratis y muy superiores a lo que un trabajador bananero hubiese alquilado en un centro urbano.

En la finca Granada, que se tomó como prototipo de la investigación, el salario mínimo era de $15.150, mientras que el nacional era de $13.557, es decir, estaba 11,17% por encima, con la ventaja para el trabajador bananero de no pagar arriendo, en tanto que en la ciudad, un obrero debía destinar aproximadamente el 30% de su salario para tal fin.

AUGURA, inquieta de todas formas, adelantó una reforma estatutaria privilegiando el enfoque social y permitió además el ingreso de las comercializadoras a la Asociación. Diego Miguel Sierra, por entonces gerente de AUGURA, al analizar la anarquía reinante, concluía que había mucha confusión entre trabajadores, empresarios y directivos sindicales sobre los principios que debían regir las relaciones entre empresa y sindicato, y que la disparidad de criterios políticos y sindicales se veía agravada por la presión guerrillera y por la débil presencia del Ministerio del Trabajo, que afrontaba con gran inconsistencia el manejo de los conflictos.

CAE ASESINADO ARTURO ROLDÁN Y SE ROMPE LA TREGUA

El EPL se había tomado el sindicato Sindejornaleros, dirigido por el MOIR, y logró también tomar control de Sindebras, el sindicato de braceros. Además, promovió un paro cívico regional en 1985, marcado por el vandalismo y por las hostilidades cada vez más cruentas entre el EPL y las FARC, que impulsaban intensas campañas de afiliación a los sindicatos bajo su influencia.

Fue así como, en el transcurso del paro, murió asesinado el dirigente liberal Arturo Roldán, un hombre de gran influencia en la región. AUGURA solicitó entonces al gobierno declarar ilegal el movimiento. La anarquía llegó a tal punto y la coacción armada contra empresarios y trabajadores se volvió tan grave que la Sociedad de

Agricultores de Colombia (SAC), en su Congreso Nacional Agrario del mes de junio, afirmó que "en Urabá se perdió la soberanía"[61] y que era imperioso restablecer el imperio de la ley.

En respuesta, el 9 de julio de 1985, el Ministerio del Trabajo suspendió la personería jurídica de SINTAGRO, que estaba empeñado en un duelo de amenazas mutuas con SINTRABANANO. El 20 de octubre de 1985, en Currulao, un grupo armado disparó contra un grupo de personas que departía en la Heladería Buenos Aires, matando a varios trabajadores bananeros afiliados a SINTAGRO. Entre las víctimas se contó también a la joven que atendía las mesas.

Un mes más tarde, otro comando lanzó granadas contra la sede sindical de SINTAGRO en momentos en que se realizaba una asamblea de obreros, ocasionando más víctimas. SINTAGRO acusó a AUGURA del atentado, a pesar de que sabía perfectamente que los autores de ambos atentados pertenecían a las FARC.

Fue un mes más tarde, en noviembre, cuando el EPL y el M-19 decidieron romper los acuerdos de tregua firmados con el gobierno. En diciembre, en momentos en que el EPL estaba promoviendo el Segundo Paro Cívico Regional, se instaló una

---

61 SIERRA, Diego Miguel. No hablemos del cultivo. En: AUGURA: Órgano de difusión de AUGURA. Año 11, No. 2, 1985. p.3747

Comisión Tripartita entre el gobierno, empresarios y sindicatos, buscando apaciguar la tensión. Finalmente, el 19 de diciembre de 1985, se pactó una tregua laboral.

¿Por qué el EPL se lanzó a romper el diálogo de paz con el gobierno? Lo explica el mismo comandante guerrillero, ya desmovilizado:

El proceso de paz de Belisario no tenía futuro, porque ni en nosotros ni en el Estado ni en los gremios había la confianza suficiente en el proceso. Otras fuerzas empezaron desde fuera a asediar al gobierno, y en alguna medida la situación fue dando origen a que apareciera un paraestado que intentaba sabotear los procesos pacificadores.

En el caso de Belisario, el proceso era muy endeble. Los acuerdos no comprometían realmente a ninguna organización. No había confianza en los cambios que pudiera implementar, y, de parte nuestra, no había confianza en la política de paz del gobierno. Era lógico entonces, que a la vuelta de la esquina el proceso terminara por reventar. Primero se salió el M19, después nosotros y finalmente las FARC. Hay que ser sinceros y reconocer que nosotros, internamente nunca pensamos en la desmovilización. En cambio las FARC, dentro de su cronograma, sí la contempló.

También debo reconocer que en Urabá, las fuerzas militares por esa época asumieron una actitud muy madura y rebajaron la presión, relajando un poco la tensión que había en la zona. Lo contrario sucedió con el M19 en Yarumales, pues allí fue permanente la agresión del ejército, a tal punto que llevó a la guerrilla a cancelar los acuerdos de paz con el gobierno.

Las FARC, por su parte, desarrollaron la estrategia de "combinar todas las formas de lucha". Mantenían la organización armada y las operaciones militares, pero haciendo política abierta y legal con la Unión Patriótica. La ambigüedad les costó ser golpeados muy duro por la represión.

El acuerdo de paz del EPL con el gobierno se rompió en noviembre de 1985, cuando conjuntamente con el M19 hicimos la toma de Urrao, quince días antes de los sucesos del Palacio de Justicia. Ese día Óscar William Calvo citó una rueda de prensa en Bogotá, para explicar por qué rompíamos la tregua. Ahí cometimos un error histórico enorme, porque rompíamos unilateralmente la tregua y seguíamos manteniendo un vocero público. Eso le costó la vida a Óscar William Calvo. Ese mismo día, en horas de la noche, lo mató el ejército. Ese doble juego que hicimos con el proceso de paz el EPL, el M19 y las FARC nos costó muchísimo y nos sigue costando, políticamente, y en vida de cuadros valiosos asesinados. [62]

En ese momento, el 96,2% de los trabajadores estaba afiliado a algún sindicato, prácticamente todo el mundo, distribuido de la siguiente manera. [63]

SINTRAINAGRO	66,5%
Utraiban	10,0%
SINTRABANANO	9,5%
Sintraexpoban	8,6%
Sinaltraifru	6,4%

El EPL, a través de SINTAGRO, detentaba el poder sindical, mientras que las FARC, con la Unión Patriótica, controlaban el poder político. En Apartadó, de un Concejo de ocho miembros, cuatro eran de la UP. En Turbo, cuatro de doce, y en Carepa, cuatro de ocho. El proselitismo armado, político y sindical les había dado muy buenos resultados.

---

62 Entrevista con Mario Agudelo. Excomandante del EPL. Desmovilizado.

63 Martín, Gerard. Desarrollo económico, sindicalismo y proceso de paz en Urabá. Universidad de los Andes. Facultad de Administración, 1986. Tesis. s.p.

En agosto de 1986, subió al poder Virgilio Barco Vargas, un personaje que logró ser candidato por descarte, luego de que su partido no hubiera podido superar los desacuerdos en torno a la figura que debería representarlo en las urnas, lo que condujo a Alfonso López Michelsen a pronunciar la lapidaria frase: "Si no es Barco, ¿quién?". Con el nuevo gobierno, los procesos de paz con las guerrillas iban a dar un vuelco sustancial.

PRIMER CONGRESO BANANERO 1986

Ante el deterioro social, AUGURA denunció que la situación de orden público les imposibilitaba a propietarios y administradores el manejo directo de las fincas, la reinversión y el adelanto de nuevos proyectos, a pesar de que el gremio había realizado una inversión social de $502 millones, 221 de ellos en programas sociales y 282 millones en créditos.

La aguda crisis por la que atravesaba la actividad llevó al gremio bananero a organizar en Cartagena su Primer Congreso, cuyas discusiones giraron muy particularmente en torno a la situación social de Urabá, aun cuando, en su intervención, el Dr. Jaime Henríquez Gallo insistió claramente en que el problema principal de la zona era la inseguridad.

Diego Miguel Sierra presentó un informe titulado *"Urabá: banano y bienestar social"*[64], en el que básicamente hizo un diagnóstico de la economía bananera, destacando la importancia que había cobrado el cultivo para el desarrollo regional, pues ya generaba veinte mil empleos directos, de los que dependía el sustento de cuarenta mil personas. El salario promedio mensual de un trabajador bananero llegaba a los $34.000, muy superior, comparativamente, al de otros cultivos legales y al de gran número de actividades industriales y comerciales, pues el salario mínimo legal estaba en $16.811.

Diego Miguel Sierra planteó por primera vez la necesidad de trasladar la población bananera a los cascos urbanos como una forma estratégica de disminuir las tensiones en las fincas, para lo cual se requería construir en ellos unas 6.000 viviendas. Ya entre 1985 y 1986, los bananeros habían invertido $400 millones para mejorar el medio habitacional de los trabajadores. El gremio se había vinculado a diversos proyectos urbanizadores y promovido acciones para facilitar la adquisición de viviendas, y AUGURA puso en marcha un proyecto para dotar a las fincas de tazas sanitarias adecuadas.

En educación, Sierra informó que AUGURA, en convenio con Seduca (Secretaría de Educación

---

64 SIERRA, Diego Miguel. Urabá: banano y bienestar social. En: AUGURA: Órgano de difusión de AUGURA. Año 12, No. 2, 1986. p. 1945.

de Antioquia), adelantaba planes de capacitación que beneficiaban a 2.500 personas, mientras que los bananeros implementaban otros programas cuya cobertura llegaba a ocho mil personas. Las fincas habían participado en la construcción de 43 establecimientos educativos rurales, favoreciendo a 4.213 alumnos. El gremio contribuía además pagando algunos maestros en Apartadó y Turbo.

La Comisión Segunda del Congreso Bananero, encargada de analizar la problemática social, concluyó:

El modelo de desarrollo socioeconómico seguido en Urabá, es consecuencia de la naturaleza y el momento en el cual surge la actividad bananera, en una zona donde antes no existía infraestructura social, ni actividad económica significativa. En consecuencia, correspondió a los empresarios atender tanto el montaje de las fincas, como los aspectos inherentes a la vivienda y salud de los trabajadores. El sector privado despejó un campo que hoy es vital en la economía nacional, como principal producto de las exportaciones menores, y ha estado permanentemente presente en muy diversos aspectos del desarrollo social, pero es preciso comprender que en este campo la responsabilidad no puede ser totalmente suya, y por ello ratifica la necesidad de mayor presencia del estado en: acciones tendientes a garantizar la vida; ser garante de la armonía de las relaciones obrero patronales; desarrollo de la infraestructura de servicios públicos; fomento de programas de vivienda acorde con las necesidades de la región; presencia con modelo adecuado y completo del ISS, y mayor presencia del SENA, e ICBF en programas de atención preescolar. [65]

Lázaro Mejía[66], por entonces presidente de UNIBAN, intervino después ante el Congreso para dejar sentado que los problemas estructurales y coyunturales sólo podían resolverse mediante una concertación entre el sector público y el privado. Denunció la inexistencia de un Plan Indicativo que trazara las políticas nacionales en investigación, producción, comercialización y desarrollo social. Señaló que no había apoyo estatal para la actividad y que se requería con urgencia a fin de modernizar la infraestructura bananera, que necesitaba mejorar los sistemas de drenajes, profundizar la tecnología de los meristemos, instalar los sistemas de paletización y contenedorización para el transporte

---

65 Comisiones de trabajo, conclusiones y recomendaciones. Comisión segunda: banano y bienestar social. En: AUGURA: Órgano de difusión de AUGURA. Año 12, No. 2, 1986. p. 159161.
66 MEJIA ARANGO, Lázaro. Intervención del presidente de UNIBAN y de la junta directiva de AUGURA, Lázaro Mejía Arango. En: AUGURA: Órgano de difusión de AUGURA. Año 12, No. 2, 1986. p. 1320

de la fruta, impulsar la diversificación de cultivos, modernizar la infraestructura física y la red vial, construir el puerto y, finalmente, mejorar el marco jurídico exportador. Mejía sugirió tres temas básicos que requerían urgente solución: Integrar la industria con el transporte marítimo, crear la zona franca de Urabá y conseguir que la UPEB se reorientara en torno a la defensa de los intereses nacionales de los países productores.

El principal escollo seguía siendo, empero, las dificultades de orden público, que forzaron a muchos productores nacionales y a las comercializadoras a mirar otras alternativas. La zona bananera del Magdalena comenzó a ser vista nuevamente como una oportunidad interesante, y hacia allí se dirigió UNIBAN buscando estabilidad para sus mercados, mientras TECBACO, que había abandonado Urabá en el pasado reciente, estableció también allí sus actividades. Algunos empresarios adquirieron tierras en Ciénaga y otros municipios.

En igual sentido, se produjo un desplazamiento a Costa Rica y Ecuador, buscando no dejar caer el mercado que las empresas habían conquistado en el mundo, y que representaba un 15% del total, distribuido así: UNITED 22%, Castle and Cooke (Standard) 20%, Del Monte 14%, UNIBAN 9%, BANACOL 4% y PROBAN 2%.

La situación social de Urabá produjo también cambios en la estructura del tamaño de las fincas, provocando desplazamientos.

Las fincas de menos de 10 hectáreas disminuyeron su participación en 60%. Las que iban de 30 a 60 hectáreas la incrementaron en 22,9%. E igualmente, la presencia de fincas entre 60 y 90 hectáreas aumentó 54,5%. Las fincas entre 90 y 120 hectáreas mantuvieron su participación en 12,2%, y las más grandes, entre 120 y 150 hectáreas, se incrementaron en 214,3%. Colombia exportó 41.7 millones de cajas, ocupando el tercer lugar como país exportador de banano, después de Ecuador y Costa Rica. El volumen fue un 9,3% mayor con relación a 1985, pero inferior a 1984, cuando se alcanzaron los 46,5 millones de cajas. La zona bananera del Magdalena, que en años anteriores apenas participaba en promedio con 7% de las exportaciones colombianas de fruta, subió al 12,1%. El valor en dólares del total exportado fue de USD 198 millones, apenas 3% superior a 1985, a pesar de que la devaluación del dólar frente al marco alemán y al yen favoreció a las comercializadoras colombianas. [67]

El año siguiente volvió a estar enmarcado en conflictos laborales, y la negociación de nuevas convenciones colectivas se convirtió en un

---

67 PRODUCCION y comercialización de banano. En: AUGURA: Órgano de difusión de AUGURA. Año 12, No. 2, 1986. p. 117138.

problema grave de orden público. El saboteo a la producción, el chantaje, la extorsión, el asesinato, el amedrentamiento individual y colectivo, se pusieron al orden del día. En los primeros meses del año, ya se habían perdido por paros y huelgas 40 días de trabajo, por un valor de USD 20 millones. Como fruto de la presión armada, otro número de propietarios abandonó la zona, dejando sus fincas en condiciones administrativas deficientes. Sólo el 16,4% de los bananeros permaneció en Urabá, propietarios de apenas el 6% de la tierra cultivada en banano. Es decir, el 94% del área no tenía un control directo por parte de sus propietarios, y la actividad se adelantaba en unas condiciones administrativas y técnicas muy deficientes.

Ante la racha de asesinatos de administradores, la dirección general de las fincas fue cayendo en manos de personal de tercer orden, no calificado. Como consecuencia inmediata, se deterioraron las condiciones generales del cultivo, con repercusiones en la calidad y cantidad de la fruta cosechada.

El impacto de la violencia guerrillera sobre la producción y rentabilidad del negocio generó una gran incertidumbre en el gremio, que nuevamente insistió en que el problema de Urabá era político, disfrazado de laboral. Antonio Restrepo, gerente encargado de AUGURA, argumentó que la causa de la violencia no era "lo social", pues los salarios bananeros eran muy superiores a los de otros sectores agrarios y estaban incluso por encima de los de otras actividades industriales y comerciales del país. Lo propio sucedía con un buen número de prestaciones extralegales.

En junio de 1986, SINTAGRO inició la negociación de pliegos de peticiones en 83 fincas. Sin embargo, AUGURA denunció la táctica dilatoria que estaba esgrimiendo la junta directiva del sindicato al negarse a hablar de salarios en la mesa de negociaciones, limitándose únicamente a los aspectos puramente secundarios de los pliegos, con el claro objetivo de conducir la zona bananera a una huelga general. El gremio reclamaba la contribución al desarrollo social de la zona, que para el año inmediatamente anterior alcanzaba los $450 millones, en comparación con la exigua contribución que habían hecho las multinacionales durante toda la historia bananera de Urabá. Les pedía a los negociadores del sindicato, en resumen, diferenciar entre las empresas de capital nacional, incluidas las fincas de productores, y las grandes multinacionales.

AUGURA firmó un convenio con el Sindicato de Trabajadores del Agro, SINTAGRO, y SINTRABANANO y, como parte de los acuerdos logrados, inició la construcción de 6.000 viviendas para trabajadores en las áreas urbanas de los municipios bananeros, para ser entregadas en su totalidad en un período de seis años. Para financiar el proyecto se vinculó al ICT, Instituto de Crédito Territorial, que comprometió un aporte por trabajador de $820.240. AUGURA se comprometió a su vez a crear un Fondo de Vivienda de $30.000 por hectárea, mientras que los trabajadores aportarían el valor de sus cesantías.

LAS NUEVAS REGLAS DE LA COMUNIDAD ECONÓMICA EUROPEA

1988 fue un año de gran incertidumbre, ya que nuevamente se desenvolvió dentro de un marco de conflictos y violencia, agravado por el anuncio de la Comunidad Económica Europea de implementar fronteras económicas comunes, lo que tuvo gran incidencia en la actividad bananera mundial, pues un porcentaje muy importante de las exportaciones tenía como destino países de esa organización continental.

En efecto, el año se inició en medio del paro general y el vandalismo impulsados por las organizaciones armadas. El paro fue declarado ilegal por el Ministerio del Trabajo y la misma suerte corrieron los sindicatos promotores, a los que se les suspendió la personería jurídica. Ante esta situación, SINTAGRO y SINTRABANANO acordaron fusionarse en un nuevo sindicato, SINTRAINAGRO.

Frente a quienes presentaban la violencia guerrillera como una consecuencia natural de "condiciones objetivas", AUGURA insistió en el argumento que venía sosteniendo desde el Primer Congreso: en Urabá, el aspecto central era político antes que laboral y estaba comprometida la soberanía nacional, pues quienes más perdían con la violencia eran los productores colombianos y no sus competidores, las multinacionales. Hizo ver, además, que la negociación colectiva se dificultaba en grado sumo, pues, ante la imposibilidad de ingresar a sus predios por la presencia armada guerrillera, los dueños de las fincas no tenían cómo constatar el cumplimiento de los acuerdos convencionales.

La situación era caótica. No había una negociación integral. Cada bananero negociaba por su lado la convención de su finca, sin criterios unificados ni información general. Las organizaciones armadas abusaban, pues apenas SINTRAINAGRO conocía que en otra finca se había llegado a un arreglo mejor, exigía al propietario renegociar la convención recién firmada, con la amenaza de paro si no aceptaba. SINTRAINAGRO solía también incluir en una negociación prestaciones extralegales con valores simbólicos o irrisorios, a fin de salir a denunciar la perversidad de los productores y provocar un nuevo conflicto.

AUGURA reclamó entonces la negociación centralizada y conjunta de los pliegos en todas las fincas en Urabá, con el objeto de unificar criterios y llegar a la mesa con mayor poder de negociación. Sugirió fijar políticas claras para el manejo de los asuntos laborales, acordando reglas en la negociación y topes al número de prestaciones extralegales. Pidió tener presente que una convención es un contrato cuyo cumplimiento está sujeto a la posibilidad material de las partes. Insistió en que el conflicto laboral no es político y, por tanto, no puede resolver los antagonismos de clase. Sugirió fijar de antemano un tope para los incrementos salariales teniendo en cuenta el índice de inflación. Finalmente, recomendó incrementar los programas sociales, tal como lo hicieron las comercializadoras UNIBAN, BANACOL y PROBAN fundando a FUNDAUNIBÁN, Fundación El Corso y FUNDAPROBÁN, respectivamente.

A pesar de que la FAO preveía un ambiente favorable hacia adelante dado el aumento de los índices de consumo per cápita, la unificación de las fronteras económicas entre los países de la CEE generó gran incertidumbre entre los bananeros colombianos, ya que Alemania, uno de los involucrados, era uno de los mayores compradores. A lo anterior se sumaban, como siempre, los problemas de orden público, con las consecuencias previsibles de tipo administrativo y económico, principalmente, las caídas en la productividad y la producción, la pérdida de ventajas comparativas frente a otros países productores y, por tanto, la pérdida de competitividad, la merma de la participación en el mercado mundial y la caída de la rentabilidad del negocio. Y, para rematar, había que añadir, como factor perturbador, la deficiente presencia estatal y la exigua inversión pública.

Urgía, ante todo, propiciar un clima favorable de estabilidad política y, consecuentemente, los economistas Nohra Rey de Marulanda y Juan Pablo Córdoba[68] le sugirieron al gremio un Plan Indicativo con los siguientes objetivos: Solucionar la problemática sociopolítica de Urabá; mayor inversión tecnológica; reinvertir utilidades en la zona; solicitar mayor y mejores líneas de crédito; mayor capacitación gerencial; más cobertura de riego y mejores drenajes; pavimentar 87,5 kilómetros de carretera, por un costo de $1.400 millones; mejorar las empacadoras y organizar el sistema de cosechas programadas; alcanzar una productividad de 3.000 cajas por hectárea/año y ampliar la zona bananera en 30.000 hectáreas más, para un total de 50.000.

---

68 REY de MARULANDA, Nohra y CORDOBA GARCES, Juan Pablo. El sector bananero de Urabá: Perspectivas económicas actuales y de mediano plazo. Medellín, AUGURA, 1990. 66 p.

En comercialización, los dos investigadores recomendaron abrir nuevos mercados, diversificar abastecedores con más puntos de compra en otros países, mercadear otros productos, elevar la calidad de la fruta, continuar el proceso de integración vertical con el transporte marítimo y abrir nuevas filiales de las comercializadoras en el exterior. En lo institucional, sugirieron reclamar una más fuerte presencia del gobierno colombiano en los escenarios institucionales y mayor comunicación del gremio con el gobierno.

Consideraban ambos que el mayor reto del gremio era lograr estabilidad política y mejorar la inversión social.

Como hecho bastante significativo de este año, por primera vez en la historia bananera de Urabá, la multinacional UNITED se decidió a comprar mil hectáreas en asocio con BANACOL.

En contraste, las comercializadoras colombianas, sus competidoras, enfrentaron aquel mismo año crecientes dificultades para colocar la fruta en Estados Unidos, debido a restricciones impuestas por el gobierno norteamericano, a lo que se sumaron los problemas causados por una huelga de once días. Los incumplimientos hicieron que durante el año se dejaran de exportar 780.000 cajas. Los vientos huracanados sacaron de producción en julio 1.325 hectáreas, lo que significó una disminución de las exportaciones en 384.000 cajas. Es decir, la producción y la productividad nuevamente se cayeron por las diversas circunstancias políticas, económicas y climáticas que vivió la zona en 1988.

Para recuperar las áreas afectadas por los vendavales, AUGURA debió solicitar a PROEXPO un crédito blando de $650.000 por hectárea, con cuatro años de plazo y 18% de interés. El gobierno, siempre tan remiso cuando de productores nacionales se trataba, solo ofreció $497.000 por hectárea, pero a un año de plazo y al 30% de interés.[69]

---

69 Departamento de Planeación de AUGURA. Coyuntura bananera, primer semestre 1988. En: AUGURA: Órgano de difusión de AUGURA. Año 14, No. 1, 1988. p. 3540

URABÁ, EL CRUCE DE CAMINOS DEL SIGLO XXI

1989 fue el año de la reflexión. Ante unas perspectivas nacionales e internacionales tan inciertas, el gremio se dedicó a hacer un análisis que le permitiese vislumbrar el camino.

En primer lugar, AUGURA contrató al consultor Carlos De Greiff[70], para que realizara una valoración estratégica de Urabá. De Greiff consideró que Urabá y El Darién gozaban de una ubicación geopolítica estratégica por diversas razones: primero, por la posibilidad de construir un nuevo canal interoceánico entre el Golfo de Urabá y la Bahía de Cupica, habida cuenta de que el Canal de

70 DE GREIFF, Carlos. Papel de la empresa privada en el desarrollo de Urabá; estrategias básicas para el decenio de los años noventa. Medellín AUGURA, 1989. p. 711

Panamá tropezaba con limitaciones para el paso de embarcaciones de más de 35.000 toneladas. El consultor denominó a Urabá "el cruce de caminos del siglo XXI". Y para el mundo bananero, Urabá era el eje entre Sur y Centroamérica y los mercados de Norteamérica y Europa. Como región fronteriza terrestre y marítima, traía implícitos imperativos de soberanía, que el Estado debía preservar. De Greiff concluía que el desarrollo de Urabá era la tercera etapa del desarrollo antioqueño, luego de la colonización y la industrialización. Para la actividad bananera en concreto, Carlos de Greiff recomendaba desarrollar una serie de acciones estratégicas en torno a la palabra integración: con el entorno, con la comunidad, de las empresas entre sí y de estas con el medio.

La integración empresarial perseguiría modernizar la administración de las fincas y fortalecer el compromiso de empleados y trabajadores con la actividad empresarial bananera. Para el objetivo de desarrollar las fincas empresas, De Greiff proponía definir la filosofía y sentar los principios del manejo técnico y administrativo, repensar la organización administrativa y de producción, establecer políticas claras, así como normas y procedimientos administrativos, fijar también políticas para el manejo del recurso humano, elaborar una política laboral marco y una política clara de información y comunicación, crear centros de selección y entrenamiento de personal y, por último, proyectar la cultura organizacional y sistematizar las empresas.

El consultor estimaba que la guerrilla y la subversión no eran causa, sino el efecto de la transición entre el período de crecimiento y desarrollo de la producción bananera. La solución, según él, residía en la dedicación, la tenacidad y la visión de pioneros; en las tradiciones, en el sentimiento de la vida, en los valores humanos inspirados en los principios judeocristianos y en la inspiración del juego limpio, que históricamente había marcado la gesta de los paisas.

Para el objetivo de fortalecer el compromiso de empleados y trabajadores con las políticas de la empresa bananera, propuso el siguiente plan: adelantar programas institucionales de bienestar y vivienda, educación y nutrición, salud y recreación, impulsar las microempresas familiares y cooperativas, crear fondos mutuos de inversión y ampliar la cobertura de las cajas de compensación.

Sugería profundizar la integración gremial y, en especial, reestructurar a AUGURA para que pudiera cumplir mejor sus funciones, gestionar una mayor presencia del Estado y el sector privado en Urabá, impulsar proyectos de desarrollo y proyectar una imagen positiva de Urabá en el resto del país. Como estrategias para esta integración, sugería concertar con los demás protagonistas del desarrollo de

Urabá, fortalecer las relaciones con la comunidad y consolidar los estamentos empresariales y gremiales. Reclamó, además, la presencia del Estado en la rama judicial, especialmente la laboral, las fuerzas militares, las instituciones que tienen que ver con el bienestar de la comunidad, los servicios básicos, la vivienda, la educación y la recreación.

Nohra Rey y Juan Pablo Córdoba[71], al analizar la inversión pública en Urabá, sostenían que tanto el sector privado bananero como el Estado habían buscado mejorar las condiciones socioeconómicas de la zona con inversiones importantes, aunque todavía persistían enormes desigualdades. Los salarios reales habían aumentado constantemente, pero el alto costo de la vida, por el aislamiento y la ausencia de vías, los neutralizaba en cada ocasión. En la zona ya se advertían problemas de desempleo y subempleo que cobijaban las actividades no bananeras.

Según ellos, la inversión pública canalizada a través del PNR y la Gobernación de Antioquia —es decir, distinta a la de Corpourabá— creció entre 1987 y 1988 en 27%. La inversión social pasó del 11% al 28%. La inversión pública de la Gobernación de Antioquia creció un 78.5% y, dentro de ella, la inversión social aumentó en 56,5%.

---

71 REY de MARULANDA, Nohra y CORDOBA GARCES, Juan Pablo. El sector bananero de Urabá: Perspectivas económicas actuales y de mediano plazo. Medellín, AUGURA, 1990. 66 p.

A pesar de que la inversión pública en Urabá creció considerablemente durante estos años, fue absolutamente deficiente. En 1985, Corpourabá calculaba las necesidades de inversión pública en $33.000 millones.

Al estudiar los escenarios posibles hacia los años próximos, AUGURA encontraba que en la Comunidad Económica Europea existían mercados preferenciales en Francia, el Reino Unido e Italia con los países signatarios de la Convención de Lomé III, que imponían restricciones cuantitativas y limitaban el acceso del banano latinoamericano. España, Portugal y Grecia impedían el acceso del banano latinoamericano para favorecer a las Islas Canarias, Madeira y Creta. Solo Alemania permitía la libertad de importación y el libre arancel. Holanda, Bélgica, Luxemburgo, Dinamarca e Irlanda habían acordado un arancel común del 20%.

Había otro factor no menos preocupante. El 31 de diciembre de 1992, la CEE establecería una frontera económica común, medida que generaba una gran incertidumbre. Un régimen común significaría la abolición de la libre importación en Alemania, eliminar algunas restricciones no arancelarias nacionales internas y abolir los monopolios en algunos mercados. AUGURA preveía dos posibles alternativas: la primera, la fijación de un arancel común al banano del 20%, lo cual significaría perder ventajas competitivas en el mercado alemán, pero posibilitaría abrir otros mercados. Teniendo en cuenta que América Latina ofrecía mejor calidad y precio, habría ventajas competitivas si se eliminaban los sistemas de preferencias, lo que no se estimaba posible. La segunda alternativa, la fijación de un precio mínimo al banano, considerando las actuales restricciones cuantitativas para mantener el proteccionismo, podría llevar a establecer cuotas comunitarias de importación. Ambas alternativas eran nocivas para el comercio del banano proveniente de América Latina.

En el frente interno había incertidumbre por los altos costos de adquisición de fruta en Colombia, por el estancamiento de la productividad y por la disminución de la inversión. Las comercializadoras nacionales habían comenzado a abastecerse en otras zonas bananeras del mundo, partiendo del principio de no depender de un solo proveedor, y comenzaban a operar como una multinacional. Por ser un mercado altamente concentrado y muy competitivo, era necesario ofrecer flujo continuo de fruta, pues el incumplimiento implicaba la cancelación de contratos.

EL CONGRESO INTERNACIONAL BANANERO DE CARTAGENA

Ecuador, Costa Rica, Honduras y Colombia seguían siendo los principales países productores del mundo. Ecuador y Costa Rica, a su vez, eran los principales competidores de Colombia y recibían estímulos estatales. Colombia, en suma, estaba obligada a competir con países cuyos gobiernos apoyaban fuertemente la actividad. En contraste, los bananeros colombianos no recibían estímulo diferente al de cualquier otro sector exportador. No se veía en el alto gobierno ninguna preocupación por apoyar la rentabilidad del negocio. Los costos de producción crecían más que en otros países y la intrincada situación política y de orden público paralizaba la inversión.

En conclusión, si bien el gremio veía como favorables las perspectivas mundiales a mediano plazo, por la mejoría de la demanda en el mercado mundial, había a su vez mucha incertidumbre por la decisión que pudiese tomar la CEE en 1992, que podría conducir a un sistema global de cuotas. El dilema resultaba apremiante: para el futuro de la actividad, ¿le convenía más a Colombia un pacto mundial de cuotas o la competencia abierta en un mercado oligopólico?

A fin de analizar con cuidado la situación, el gremio convocó un Congreso Bananero Internacional en Cartagena, en 1990. El doctor José Manuel Arias Carrizosa[72], gerente de AUGURA, resaltó cómo, para algunos países, el banano representaba el 30% de sus ingresos. Pero para Colombia, por la coyuntura que se vivía, la actividad cobraba mucha mayor importancia, teniendo en cuenta el rompimiento del pacto cafetero mundial, que significó menores ingresos para el país, del orden de los USD 500 millones. Y más aún si persistía la violencia contra la infraestructura estratégica petrolera, que venía impidiendo las exportaciones de crudo, cuyo valor ascendía a los USD 500 millones.

Como el banano le produjo aquel año a Colombia ingresos por USD 305 millones, compensando

---

72 ARIAS CARRIZOSA, José Manuel. Palabras del doctor José Manuel Arias Carrizosa. Presidente de AUGURA. En: AUGURA: Órgano de difusión de la Asociación de Bananeros de Urabá. Año 16, 1990. p. 1113

en parte la caída de los demás sectores, era apremiante que el gobierno prestara mayor atención a la actividad bananera. Como la CEE iba a cambiar radicalmente la realidad del mercado bananero mundial, el doctor Arias hizo un llamado al gobierno nacional para que estableciera una política bananera nacional clara y de fomento, que garantizara la seguridad y la tranquilidad en Urabá, permitiendo el retorno de los productores a sus fincas y devolviéndoles la confianza para hacer nuevas inversiones.

En Cartagena, Jaime Henríquez Gallo[73], productor bananero y senador, destacó como un hecho nuevo la compra de tierras por parte de la UNITED, llamada ahora Chiquita Brands, que habría de crear, tiempo después, otra comercializadora internacional, BANADEX. Mostró cómo el deterioro económico y social había obligado a muchos productores a comprar tierras en otros países y a las comercializadoras a comprar fruta en otras zonas bananeras del mundo. Exaltó como un enorme logro de las comercializadoras nacionales el haber aprendido a manejar con eficiencia un negocio altamente concentrado y competido.

No era un avance menor haber obtenido en 1987 una participación del 28% del mercado de

____

73 HENRIQUEZ GALLO, Jaime. El papel de las empresas nacionales en la comercialización del banano y el caso colombiano. En: AUGURA: Órgano de difusión de la Asociación de Bananeros de Urabá. Año 16, 1990. p. 8185-

Estados Unidos y un 32% del valor de la fruta al consumidor. Todo, agregaba el congresista y productor bananero, corría el riesgo de perderse por la situación política en Urabá. Henríquez Gallo solicitó además el apoyo resuelto del gobierno a la agroindustria bananera y consolidar una posición unificada ante la CEE para enfrentar a los países ACP, que pretendían mantener, en su exclusivo beneficio, el sistema preferencial de cuotas y cupos.

Rodrigo Jiménez Pinillo[74], presidente de BANACOL, denunció ante el Congreso Bananero de Cartagena las acciones de las multinacionales para impedir el desarrollo de BANACOL y otras comercializadoras nacionales. Reseñó que BANACOL se había iniciado como comercializadora independiente, vendiendo su fruta a UNITED. Posteriormente, firmó un contrato con Del Monte, con revisión de precios cada cinco años. Pero al quinto año, Del Monte no solo se negó a mejorar los precios, sino que le exigió a BANACOL una rebaja de USD 0,50 por caja.

Ante una decisión tan abrupta y nociva, BANACOL decidió salir a mercadear su fruta por intermedio de Banana Services y amplió su base de operaciones productivas a Costa Rica, lo que originó una violenta reacción por parte de las multinacionales, que recurrieron a todo tipo de tretas, entre ellas,

---

74 JIMENEZ PINILLO, Rodrigo. Banacol, ejemplo de comercializadora nacional. En: AUGURA: Órgano de difusión de la Asociación de Bananeros de Urabá. Año 16, 1990. p. 8789

las sobreofertas en cantidad, la baja de precios y mejores condiciones de pago, las congestiones artificiales en los puertos y las trabas de los equipos de descargue. Las multinacionales llegaron al punto de hacer correr el rumor de una inminente quiebra de BANACOL.

Jiménez Pinillo informó que, hacia el futuro, BANACOL iba a contar con 390 hectáreas más y estaba sembrando otras mil para 1991. En Santa Marta había contratado mil hectáreas nuevas, que se sumaban a 500 hectáreas ya sembradas. En 1990, BANACOL esperaba vender 25 millones de cajas y para 1991, esperaba 30 millones.

LA GUERRILLA SE DESCOMPONE

Al analizar la situación de la guerrilla en esta etapa, el excomandante del EPL entrevistado concluye:

Para mí, la guerra sindical fue supremamente negativa, porque ligó el trabajo sindical al trabajo armado, confundiéndolos. En algunos casos hubo que reconocer incluso fenómenos de descomposición, porque había gente nuestra que utilizaba las armas para extorsionar. Muchas de esas extorsiones no llegaron a las arcas de nuestra organización, sino que se quedaron en manos privadas. El EPL se nos descompuso. Vivimos un proceso de tránsito, del guerrillero romántico al que debe enfrentarse con la cruda realidad y que termina ejerciendo el terrorismo, más como fruto del atraso político que del abandono de un pensamiento revolucionario.

En 1981, el guerrillero que hacía sus cagadas lo hacía convencido de que era por la revolución, que se estaba sacrificando, aguantando hambre y demás. Pero el poder que logramos ganar de 1984 en adelante nos descontroló, porque había mucha gente que no estaba preparada para eso. Se pasó de un trabajo clandestino a manejar una zona con grandes recursos económicos. El fusil nos había permitido acumular un poder que posibilitaba secuestrar, extorsionar, pedir nómina en las fincas sin trabajar, pedir vales para mercar en las proveedurías, pedir prestados carros o motos y todo lo que uno quisiera. Y todo por la vía de la intimidación. Yo recuerdo que uno de los debates internos más duros en 1984 fue por los asuntos económicos. Autorizamos que cualquiera solicitara recursos, pero cuando empezamos a ver el fenómeno de descomposición que se estaba generando, planteamos centralizar todo el manejo de recursos conseguidos por la vía de la coacción. Nos habían sucedido varios casos de gente que salía a pedir plata a todo el mundo y después se largaba. Hasta mediados del 85 logramos mantener cierto control, pero del 86 al 89, el problema se nos salió de las manos.

La gente que hacía parte de los organismos armados en las bananeras se dedicó a hacer plata, ocasionando que el enemigo liquidara el Frente Bernardo Franco, ante lo cual optamos por disolverlo. La descomposición generó en nosotros una indisciplina generalizada, contradicciones internas muy graves y pérdida de prestigio entre mucha gente y nos llevó a la decisión de desmontar el Frente Bernardo Franco, que operaba a nivel urbano y bananero. De ahí hacia adelante, se planteó que todo el que quisiera pertenecer al EPL primero tenía que estar arriba. En 1989, hubo grupos nuestros que llegaron incluso al extremo de asaltar chiveros, de asesinar a cualquiera. Estos fenómenos se nos presentaron sobre todo en San Jorge, en el área de El Siete y El Diez, en las fincas de Chigorodó y en el casco urbano.

Entramos entonces en una discusión interna: primero, cómo quitarles peso a estos grupos armados en las bananeras y en el trabajo sindical. Porque muchos de los grandes conflictos laborales en Urabá no eran laborales. De pronto lo laboral era utilizado para generar otro tipo de conflictos. Cuando dimos el paso a la desmovilización, una de las decisiones que tomamos fue separar nuestro espacio político del sindical, entendiendo que había muchas heridas de por medio, porque comprendimos que el problema no era simplemente de responsabilidad de los bananeros, como lo habíamos dicho, sino que en el fondo había también una gran responsabilidad nuestra por el manejo que le habíamos dado al conflicto. Para mí es claro que el modelo guerrillero urbano y bananero del 85 hacia adelante era más un modelo de descomposición que de motivación política.

Se fue dando entonces un distanciamiento entre la estructura del Partido Comunista-ML y los hombres que hacían parte de la estructura armada en esas áreas. En muchos casos las relaciones fueron muy tensas por el fenómeno de corrupción que se dio. Y ya como reflexión última, la gente que después de la desmovilización se regresó a las armas, no fue la que estuvo arriba, en el Sinú, en el San Jorge, en Las Mercedes o en Tulapa, sino la gente que tuvo que manejar finanzas afuera. Eso explica por qué la disidencia del EPL trató de consolidarse en la zona *bananera y cuando se reorganizó, empezó a revivir esos viejos métodos de la vacuna que nos estaban descomponiendo y llevando a un conflicto innecesario, hoy tenemos que reconocerlo.*

Este fenómeno de descomposición lo padecen ahora, en su cúpula, las Milicias Bolivarianas y las FARC. Las finanzas no se convirtieron en un medio sino en un fin. Usted ve ahora que de cien acciones de los grupos armados en Urabá, 90 son con fines económicos o de sabotaje, pero todo relacionado con problemas de dinero. Eso trastoca el papel revolucionario de cualquier organización y la descompone internamente. La gente se olvida del discurso político, de ganarse a las masas. Entiende que tiene un arma para imponer y para recolectar billete en grande. Había gente que tenía hasta cinco nóminas, es decir, figuraba y cobraba nómina en cinco fincas diferentes y no trabajaba[75].

Ser guerrillero en Urabá, en síntesis, se convirtió en un estilo de vida lucrativo.

La contradicción principal en este período fue la que se dio entre el movimiento guerrillero y el

---

75 Entrevista con Mario Agudelo. Excomandante del EPL. Desmovilizado.

sector productivo. Aprovechando la política de paz de Belisario Betancur, que en la práctica significó la desmovilización del ejército y el relajamiento de la seguridad en la zona bananera, las FARC y el EPL aprovecharon la ocasión para ocupar el área, metiendo como caballo de Troya a los sindicatos SINTAGRO y SINTRABANANO.

Otra contradicción no menos grave fue la disputa entre el Partido Comunista y el Partido Comunista-ML por la hegemonía política, sindical y militar, que llevó a las FARC y al EPL al enfrentamiento violento, con numerosas víctimas, fundamentalmente trabajadores bananeros, pero también propietarios, administradores y empleados de las fincas. Para desatar la guerra total en Urabá se tomó como pretexto la situación social, dentro de la filosofía de que "era mejor un buen conflicto que una buena negociación". Si bien era cierto que la situación social de Urabá era y es delicada, como también la situación laboral, ninguna de las dos cosas justificaba la acción violenta de los grupos armados ni que la actividad bananera tuviera que pagar los platos rotos.

Las consecuencias no pudieron ser más desastrosas: la agroindustria bananera de capital nacional, embarcada en un proceso de consolidación que la había llevado a obtener buenos resultados en la productividad, la producción y las exportaciones y a alcanzar un lugar privilegiado y ejemplar en el mundo bananero, se vio forzada a una etapa de deterioro que llevó casi a anular lo obtenido. Todos los índices del negocio: rentabilidad, productividad, producción, exportaciones, participación en los mercados regionales y en el mercado mundial, empezaron a disminuir, con graves consecuencias sociales para Urabá, que vive fundamentalmente del cultivo del banano. La violencia se acentuó hasta límites no conocidos antes, con masacres constantes y a plena luz del sol. Todos los problemas que afectan la vida colectiva de una sociedad se agudizaron.

El gremio hizo un gran esfuerzo social al sentirse culpable del deterioro general, tal como la guerrilla venía propalando. Si bien los bananeros se habían rezagado en este campo, habían hecho grandes inversiones en áreas como la educación y la salud, que de hecho correspondía resolver al Estado. Hubo voces aisladas que intentaron hacer claridad acerca de la naturaleza del conflicto, pero en general, el gremio cayó en la trampa que le tendió la guerrilla y se responsabilizó a sí mismo por la situación social de la zona.

AUGURA fue culpada incluso de las execrables masacres ocurridas en la sede de SINTAGRO y en la Heladería Buenos Aires, en Currulao, en el transcurso de la guerra sindical entre SINTAGRO, del EPL, y SINTRABANANO, de las FARC. Años después, los desmovilizados del EPL contaron la verdad y denunciaron a las FARC como las verdaderas responsables.

Fue perfectamente notorio en este período la incapacidad del Estado para apoyar un sector productivo vital en la vida nacional, así como para resolver las necesidades básicas de una región eternamente echada al olvido. El gobierno de Belisario Betancur entregó la zona bananera al movimiento guerrillero y desmovilizó al ejército, quedando los productores y trabajadores, columna vertebral de la actividad, al capricho de una insurgencia descompuesta, olvidada del ideal revolucionario por el cual nació y dedicada al pillaje delincuencial, al terrorismo y al enriquecimiento personal de sus miembros.

Urabá se volvió tierra de nadie y cada quien intentaba resolver sus problemas de la mejor manera posible, con el lema del "sálvese quien pueda". La producción bananera quedó al garete.

Virgilio Barco intentó hacer una mejor presencia del gobierno en la zona, aumentando los recursos de inversión pública, por intermedio fundamentalmente del PNR, aunque fueron a todas luces insuficientes y tardíos, pues la violencia, como una bola de nieve, rodaba sin control. La sangre de miles de colombianos tiñó de rojo los caminos y los cultivos de banano, en medio de una impotencia aterradora de la población civil, víctima de un conflicto en el que no eran más que espectadores obligados. Los miles de huérfanos y viudas, heridos, inválidos y mutilados, los cientos de desplazados condenan a la guerrilla por su acción terrorista irresponsable y al Estado por su negligencia cómplice.

Esta etapa marca el inicio de la gran crisis de la actividad bananera en Colombia.

Cuarta etapa

LA GRAN CRISIS EN EL NEOLIBERALISMO

(1991-2001)

EL NUEVO ORDEN ECONÓMICO MUNDIAL

A finales de la década de los ochenta, Europa y el mundo se vieron conmocionados por un acontecimiento que habría de cambiar toda la estructura económica y política global: el desplome del Bloque Socialista. El derrumbe de la Unión Soviética dejó a Estados Unidos como potencia hegemónica mundial y provocó un nuevo reagrupamiento de fuerzas con miras a disputar los mercados mundiales. 1989 inauguró el período llamado globalización, un nuevo orden económico que se inició con el Consenso de Washington, el decálogo moderno.

El predominio absoluto de Washington y su política guerrerista, consistente en sembrar el desorden y la división por todas partes, azuzando los conflictos étnicos y religiosos, ha traído como consecuencia el despertar de China y Rusia, un enfrentamiento que podría desembocar en una tercera guerra mundial.

Estados Unidos no encontró fórmula mejor que impulsar un capitalismo salvaje, conocido como neoliberalismo. Sus grandes multinacionales se han volcado a controlar toda la infraestructura económica de los países pobres situados en el hemisferio sur. Palabras como apertura, privatización, internacionalización, libertad para el movimiento de los capitales-golondrina, desregulación y tratados de libre comercio se pusieron al orden del día en el planeta y, en particular, en América Latina para dar cuenta de un fenómeno ya relativamente viejo, el del neocolonialismo.

Para aplicar su nueva política en los cinco continentes, valiéndose del Fondo Monetario Internacional y el Banco Mundial, la Casa Blanca puso en práctica, en una primera etapa, la llamada apertura económica, que no fue otra cosa que la entrega de los mercados nacionales a los grandes consorcios, y en una segunda, los tratados de libre comercio. Ambas estrategias no se podían aplicar sin violar la soberanía económica de nuestros países.

La apertura se llevó a la práctica en Colombia con una serie de medidas operativas: a) menor intervención del Estado en el desarrollo de la economía, a lo que se sumó la privatización de las empresas estatales rentables; b) liberalización del comercio internacional, con reducción de aranceles y reforma al régimen cambiario para sacarlo de la órbita de los gobiernos centrales; c) nueva división internacional del trabajo, que apuntaba a dejar a Colombia como un país extractivista; d) reforma constitucional que llevara el Consenso de Washington a un nivel normativo superior; y e) sobreexplotación de la mano de obra, lo cual implicó a su vez una reforma laboral, una reforma pensional y una reforma a los sistemas de seguridad social.

Dentro de la política de apertura, la privatización fue uno de los ejes verticales. Partía del principio, ya concebido por Adam Smith, de que se debe reducir drásticamente la intervención del Estado en la vida social, en particular en la economía, en un proceso paulatino de avance hacia el libre mercado, que resolvería por sí solo los problemas económicos que pudieran presentarse. Reducir la participación estatal suponía fundamentalmente contraer la inversión social, dejándole el campo libre al gran capital privado, nacional o extranjero, en aquellas áreas rentables que antes solo el Estado manejaba, incluidos sectores estratégicos como el de la minería y los hidrocarburos, las telecomunicaciones y la energía.

Con los dineros de los contribuyentes y a lo largo del siglo XX, los Estados latinoamericanos habían creado una infraestructura económica invirtiendo en aquellas áreas de interés social no rentables y que por su magnitud y carácter solo podían ser realizadas por ellos mismos. Corrieron los riesgos, organizaron un mercado interno y externo para los bienes y servicios, estimularon la creación de empresas, muchas de ellas boyantes, y en algunos casos se pusieron al frente de algunas.

Con el nuevo orden económico irrumpió el gran capital multinacional para apoderarse de negocios públicos que les representan altas rentabilidades con bajas inversiones. En pocas palabras, la privatización es la entrega de los bienes y servicios nacionales al capital privado, en particular extranjero, en una clara entrega de la soberanía económica de cada país.

Es en este contexto en el que César Gaviria Trujillo llega al poder en Colombia, el 7 de agosto de 1990. Su propósito fundamental era cumplir a cabalidad las políticas norteamericanas en boga, acelerando el proceso aperturista que tímidamente había iniciado su antecesor, Virgilio Barco Vargas.

Acatando los dictados del Fondo Monetario Internacional, Gaviria, con el apoyo decidido del M-19, impulsó la reforma constitucional de 1991, que adecuó la estructura jurídica del Estado a la apertura económica, privatizó sectores estratégicos como los ferrocarriles y los puertos, e intentó privatizar las telecomunicaciones, un sector vital para la soberanía de un país. Igualmente, allanó el camino para privatizar el sector eléctrico y la empresa estatal Ecopetrol. Durante su gobierno se aprobó la reforma laboral consignada en las leyes 50 y 100, que privatizaron las pensiones y las cesantías de los trabajadores y reformaron el sistema general de seguridad social, montándole competencia privada al Seguro Social con el objetivo final de aniquilarlo, lo que al final sucedió.

La década de los 90, en consecuencia, se inscribe para el sector bananero dentro de un nuevo orden mundial, la llamada globalización, con las naturales consecuencias para la actividad en Colombia.

La actividad bananera mundial pasaba por un buen momento. Varios fenómenos lo explicaban: El crecimiento sostenido de los precios, la elevación del consumo per cápita en los grandes mercados, la expansión de la demanda mundial y la expectativa de nuevos y promisorios mercados. La decisión de la UE de unificar sus fronteras económicas y la transformación del Bloque Socialista en una economía de mercado llevaron a todos los países productores a aumentar sus áreas cultivadas y su productividad, en la esperanza de que la UE liberara por completo sus importaciones de banano y que la

URSS aumentara considerablemente sus compras, dada su nueva naturaleza. Otros países ingresaron al negocio bananero.

Panamá, por ejemplo, pasó de 32,2 millones de cajas en 1986 a 40,6 millones en 1990, mientras que el área sembrada apenas se incrementó en 5%. Ecuador saltó de 75 millones de cajas en 1986 a 120 millones en el año 90, pero sus plantaciones se extendieron a 60.000 hectáreas. México era ya un exportador en plena expansión, en tanto que Venezuela había iniciado despachos y desarrollaba importantes proyectos. Perú avanzaba por el mismo camino. Belice y Surinam registraban un moderado incremento en sus exportaciones. Se tenía conocimiento, además, de importantes proyectos de siembra de banano en Indonesia, de cara a los promisorios desarrollos de los mercados de Asia, particularmente los de Corea. [76]

El consumo per cápita había aumentado considerablemente. La UE en su conjunto pasó de 7,5 kilogramos por persona al año en 1987 a 10,5 kilogramos en 1990. Alemania alcanzó los 14 kilogramos, Austria los 17 kilogramos y Emiratos Árabes los 24 kilogramos. Europa Oriental, que apenas había alcanzado un consumo per cápita de 0,5 para sus 376 millones de habitantes, era otro

[76] VARGAS, Gustavo Adolfo. La actividad bananera en América Latina. En: AUGURA: Órgano de difusión de AUGURA. Año 11, No. 1, 1991. p. 3338

de los mercados promisorios. Si solo incrementaba el consumo a un kilogramo, necesitaría comprar 22 millones de cajas adicionales, es decir, 10.000 nuevas hectáreas en los países productores con una productividad de 2.000 cajas por hectárea al año. Japón, que compraba 22 millones de cajas en la década del 60, pasó a importar 42 millones, cifra que lo ubicó como el tercer importador mundial, y se esperaba que para 1994 importara 44 millones. Su consumo de 6,2 kilogramos, muy por debajo de Estados Unidos y Europa, lo ubicaba con un gran potencial. Corea, que en 1980 compró 83 mil cajas, pasó a 1,6 millones en 1990, y se esperaban 11 millones para 1994. De gran importancia había sido la liberalización del comercio de banano por parte del gobierno. El consumo de Corea en los últimos cuatro años había sido de 0,4 kilogramos. Para 1994, según la FAO, se esperaban 1,5 kilogramos.

Respecto a los precios, la UPEB venía registrando desde hacía cuatro años un crecimiento sostenido. En Alemania, entre 1988 y 1990, los precios indicativos FOR crecieron en 18%, en tanto que en Estados Unidos el aumento fue del 13%. La FAO, sin embargo, alertaba sobre una inminente sobreoferta.

EL EPL SE DESMOVILIZA

La bonanza temporal y las expectativas generales que vivía el mundo bananero, junto con la decisión del sector mayoritario del EPL de firmar un acuerdo de paz y entregar las armas, crearon la ilusión en todos los sectores interesados en Urabá acerca de una pronta superación de unos conflictos que no solo habían impedido un mejor desempeño de la actividad bananera, sino que incluso amenazaban con estrangularla. Sin embargo, la realidad fue otra.

El año 1991 comenzó con una oleada extraordinaria de violencia. Entre enero y febrero se presentaron 55 asesinatos, hubo más de 20 atentados y Urabá se quedó sin señal de televisión como consecuencia de la voladura de cinco torres de energía, lo que además dejó a varios municipios sin agua ni luz. Se destruyeron también 25 vehículos y cinco embarcaciones fluviales.

Por fin, el 15 de febrero de 1991, el EPL y el gobierno firmaron el acuerdo de paz, que contemplaba la reinserción sobre la base del aprovechamiento de la propia organización, la cooperación interinstitucional y la solidaridad de la empresa privada y la comunidad internacional. El acuerdo también estipulaba ayudar a los damnificados de la violencia e impulsar el desarrollo de Urabá, involucrando a la Iglesia y a los gremios.

Pero tan pronto como se firmó el acuerdo, la disidencia minoritaria del EPL, al mando de Francisco Caraballo y con la colaboración de las FARC, inició la más despiadada persecución contra sus antiguos camaradas de armas, que ahora se denominaban Esperanza, Paz y Libertad, conocidos como "los esperanzados". La represalia contra ellos, acusados de traición, dejó aquel mismo mes ciento ochenta muertos. La racha de crímenes fue un duro golpe para los productores nacionales, ilusionados con alcanzar una rápida paz en la región. Pese a todos los obstáculos que se le presentaban al proceso, el 1º de marzo del mismo año, 667 hombres del EPL entregaron las armas en Pueblo Nuevo.

José Manuel Arias Carrizosa, presidente de AUGURA, veía con cierto optimismo la situación en la medida en que el gremio persistiera en afianzar un clima de paz:

El ejercicio de la violencia como forma lucrativa de vida, e instrumento para sustituir la razón, persiste, no sólo en Urabá, sino en todo el territorio a despecho de grandes y profundos cambios institucionales que supuestamente eran condición para acallar las armas y dar paso al entendimiento civilizado. Es el ejercicio profesional de la brutalidad que no solo atenta contra la infraestructura económica de la nación, sino qué además, pretende por su capacidad de intimidación, contar con tratamiento de excepción en el marco moral e institucional, a punto que sus personeros consideran ya obsoleto el que recién nos dimos los colombianos, en la esperanza que su formulación constituyera la convergencia de los sentimientos y pensamientos múltiples que conforman la nacionalidad. Los salarios que se pagan en Urabá son los más altos de la agroindustria, tal vez, los más altos del sector industrial del país. Las relaciones entre trabajadores, organizaciones sindicales y productores han mejorado sensiblemente, sobre la base de un mutuo respeto, y la observancia, totalmente olvidada, en Urabá, de la naturaleza jurídica, regulada por las leyes de la nación, que suponen un vínculo entre capital y trabajo. En Urabá trabajamos en dos sentidos: un pacto social que involucre inversionistas, fuerzas políticas, estamentos cívicos, la Iglesia y el Estado. [77]

---

77 ARIAS CARRIZOSA, Juan Manuel. Discurso de bienvenida. Congreso Bananero 1991. En: AUGURA: Órgano de difusión de AUGURA. Año 11, No. 1, 1991. p. 1722.

EL ORDEN PÚBLICO SIGUE CONVULSIONADO

El orden público continuó deteriorándose rápidamente. El grupo del EPL al mando de Caraballo siguió su campaña de exterminio de los esperanzados, quienes el 14 de febrero de 1992 habían promovido la invasión de la finca La Chinita, de propiedad del dirigente liberal y productor bananero Guillermo Gaviria, quien más tarde sería director del diario *El Mundo*. Esta invasión tuvo como objetivo fundar el Barrio Obrero, con 2.500 familias. Este barrio sería tristemente célebre meses después a raíz de la masacre cometida por las FARC.

En enero de 1993 fueron asesinados el vicepresidente de SINTRAINAGRO, Jesús Alirio Guevara, y el secretario general, José Oliverio

Molina. Igual suerte corrió el secretario del Concejo de Turbo. Con ocasión de la visita del presidente César Gaviria a la zona, fue volado el puente sobre el río Churidó. Esperanza, Paz y Libertad continuó denunciando que el EPL y la Coordinadora Nacional Guerrillera eran los responsables de la muerte de sus reinsertados.

En abril, las FARC y Esperanza, Paz y Libertad firmaron un acuerdo de paz, que no tuvo cumplimiento, ya que la violencia continuó arreciando: a finales de 1993 se habían registrado 825 muertes violentas, entre ellas 45 del Partido Comunista y 120 de Esperanza, Paz y Libertad, con un promedio de quince muertes violentas cada fin de semana.

El 23 de noviembre de 1993 se firmó un nuevo acuerdo de paz. Se pactó la conformación de una veeduría para garantizar el cumplimiento del acuerdo, la creación de consejos regionales de seguridad y la formación de un frente común para combatir la delincuencia. Sin embargo, tampoco este nuevo acuerdo tuvo mucha validez, ya que al mes siguiente, a inicios de diciembre, se habían perpetrado cinco masacres, con un saldo de 22 muertos. El 10 de diciembre se produjeron las masacres en las fincas La Ceja y Los Katíos, con 17 muertos. Se hablaba abiertamente de una guerra entre las Milicias Bolivarianas de las FARC y los Comandos Populares de los esperanzados. El gobierno creó entonces la Brigada XVII, con sede en Carepa. A la zona llegaron tres mil hombres de contraguerrilla y 700 unidades de inteligencia.

Mientras en Urabá continuaba el proceso de deterioro social, la ilusión de poder conquistar una mayor participación en el mercado europeo, gracias a una posible liberalización, llevó a los productores colombianos a aumentar considerablemente el área bananera. El marco macroeconómico no favorecía mucho las aspiraciones de los productores, pues el sector agropecuario no pasaba por su mejor momento. El gobierno hablaba de un crecimiento del sector de 0,58%, pero la SAC, contradiciéndolo, aseguraba que, por el contrario, había caído 1,9%. El Centro de Estudios Ganaderos (CEGA) calculó un crecimiento negativo de 1,7%. Las sequías, la violencia entronizada en los campos, la disminución del área sembrada, la revaluación del peso colombiano, la reducción del crédito agropecuario y la caída de los precios internacionales explicaban la tendencia al deterioro.

GOLPE BAJO
DE LA UNIÓN EUROPEA

Un nuevo factor negativo vino a empeorar la situación. El 13 de febrero de 1993, el Consejo de las Comunidades Europeas[78] expidió el Reglamento 404, por el cual estableció la organización común de mercado de la UE para el sector bananero, haciendo añicos las ilusiones de los productores latinoamericanos, particularmente de los colombianos.

El nuevo régimen alteraba por completo la estructura de comercialización, tanto en Europa como en el resto del mundo, pues estableció un sistema de concesión de licencias de importación a operadores intermediarios, que no eran otros que las compañías tradicionales importadoras

---

78 Informe especial. <u>En</u>: Informe UPEB. No. 95 p. 2540

de banano, a las cuales estaban ligadas las multinacionales bananeras. La UE, en resumen, les otorgó todo el poder y el control sobre el mercado europeo. Únicamente por intermedio de estos operadores exclusivos se podía llevar banano a Europa. Cualquier país o comercializadora que quisiera llegar a Europa debería hacerlo a través de los operadores.

Toda la oferta mundial, por tanto, particularmente la de América Latina, se volcó sobre estos intermediarios, que por supuesto, mediante un sencillo juego de oferta y demanda, podían manipular los precios a la baja, pues tenían la única llave de entrada al mercado bananero europeo. Esta decisión fue un golpe bajo de Europa a los países latinoamericanos, muchos de los cuales devengaban mayoritariamente o en gran parte sus ingresos del cultivo y exportación del banano. Solo fue incluida como operadora una comercializadora colombiana, BANACOL, con un volumen de 80.000 cajas semanales.

La Resolución 404 asignó una cuota global de importación de dos millones de TM de banano para los países del área del dólar, es decir, América Latina, y para las importaciones no tradicionales de los países ACP. Una cuota tan baja fue también un duro golpe para los productores latinoamericanos, puesto que significaba una reducción del volumen de las exportaciones a Europa de aproximadamente un millón de TM anuales, y afectó duramente a los países productores.

Más de medio millar de personas se vieron directamente afectadas por las restricciones a nuestro comercio bananero con Europa, y la región dejó de realizar exportaciones por USD 1.000 millones en los tres años siguientes. La decisión, que entró en vigencia el 1º de julio siguiente, originó de inmediato una monumental sobreoferta de fruta de los países latinoamericanos, que vieron declinar sus precios de venta a niveles insospechados.

Además, la nueva situación del mercado europeo dividió a los países productores, cada uno ávido por colocar su producto perecedero en el mercado, al precio que fuese. Para Colombia, la nueva reglamentación revistió particular importancia, dado que el 45,05% del banano producido en Urabá se exportaba al Viejo Continente.

La reacción no se hizo esperar. Colombia, Costa Rica, Nicaragua y Venezuela impugnaron inmediatamente ante el GATT la Resolución 404, por considerarla contraria a las reglas del libre comercio, basados en un fallo que ya dicho organismo había proferido condenando las prácticas proteccionistas de algunos países europeos en sus importaciones de banano. En dos paneles, el GATT condenó el nuevo sistema de comercio bananero impuesto por la UE y la invitó a hacerles una contrapropuesta a los países demandantes para modificar la Resolución 404.

En dicha oferta, aceptada por los países mencionados en el conocido Acuerdo Marco, se estableció una cuota mayor de fruta procedente de los países latinoamericanos, aranceles de 75 euros por tonelada, la asignación de una cuota por país y el otorgamiento por parte de los países que suscribieron el acuerdo de certificados de exportación, por el equivalente al 70% de la cuota, lo que les garantizaba la comercialización adecuada de un volumen importante de fruta hasta el año 2002, fecha de expiración del nuevo régimen.

A Colombia le correspondió una cuota de 323.400 TM, equivalente al 70% del 21% sobre 2.200.000 TM, la cual podría crecer a 550.000 TM por el ingreso de nuevos países a la UE, como Finlandia, Suecia y Austria. En un golpe certero a las multinacionales, ahora el poder de negociación pasaba relativamente a los países productores. Quienes en Europa querían banano, necesariamente tenían que negociar con los productores latinoamericanos, lo cual significaba una defensa de la producción y los precios.

El Acuerdo Marco, dentro de las circunstancias imperantes, fue un gran triunfo de Colombia, Costa Rica, Nicaragua y Venezuela, que ocasionó otra violenta reacción, esta vez de las multinacionales bananeras norteamericanas, particularmente de Chiquita Brands, que protestaron porque consideraron sus intereses afectados en el mercado europeo.

En el Senado de Estados Unidos, Robert Dole, líder de la mayoría republicana, quien llegó al Congreso con el apoyo de dicha multinacional y fue después candidato presidencial, pidió incluso sanciones para los países productores firmantes del Acuerdo. Su propuesta al Senado se conoció como la Súper 301. Por fortuna, el Senado estadounidense desechó dicha propuesta, que habría tenido gravísimas repercusiones para el sector bananero de estos países. Cuando la Resolución 404 les otorgó a las multinacionales el control del mercado bananero europeo, en contra del GATT y de las normas acordadas del libre comercio, nada dijeron. Ahora, que las reglas del juego cambiaban, las multinacionales esgrimían el argumento del libre comercio para atropellar los intereses de los países productores. Su doble moral nuevamente se ponía de manifiesto. De todas formas, con Acuerdo Marco y todo, la decisión adoptada por la UE significó un retroceso de los países latinoamericanos en el comercio de la fruta.

La asamblea general de AUGURA, celebrada a comienzos de 1994, se dedicó entonces a analizar la nueva situación y el futuro de la actividad en Colombia. En su intervención, el doctor Juan Diego Vélez[79] afirmó que dicho evento se realizaba en medio de la crisis más prolongada que hubiera sorteado el sector agropecuario del país, y particularmente el sector bananero, que al finalizar el cuarto mes de 1994, no se veía dónde estaba la luz al final del túnel para volver a los niveles de rentabilidad esperados. Vélez señaló que 1993, como los 18 meses anteriores, fueron un período de crisis para la actividad bananera colombiana, originada, según él, en la adopción por parte del gobierno nacional de César Gaviria de un nuevo modelo económico orientado hacia afuera, el mantenimiento de unas medidas macroeconómicas que revaluaban el peso colombiano, la baja productividad, los bajos precios y la situación de orden público.

Sobre la producción, el doctor Juan Diego Vélez fue aún más explícito y su mirada crítica, más aguda:

En cuanto a los volúmenes de fruta producidos en Urabá para 1993, la situación no es alentadora; toda vez que el difícil entorno nos impide alcanzar los niveles de productividad y eficiencia que garanticen nuestra permanencia en los mercados internacionales de la fruta. Durante 1993 produjimos en Urabá 56.175 millones de

79 AUGURA. Informes y balances 1993. Medellín, AUGURA, 1993. p. 916

cajas, 12,28% más que lo producido en 1992, habiendo crecido el área en 1.225 hectáreas y habiendo pasado de una productividad promedio ponderada de 1961 cajashectáreaaño, a 2004 cajas para el período que nos ocupa. Esto es pese a las dificultades de todo orden. En 1993 mejoramos nuestra productividad en 43 cajas, lo que impide a quienes nos atacan, señalarnos como los responsables directos de la crisis por la que estamos atravesando.

Informó que en 1993 los precios cayeron en el mercado de EE.UU. un 6,18% respecto al año anterior y un 21,48% respecto a 1991. Pero expresó su beneplácito por la consecución del Acuerdo Marco con la UE, el cual brindaba alguna seguridad a las exportaciones colombianas.

El doctor Vélez encontró las siguientes causas de la crisis:

Primera: La sobreoferta mundial de grandes excedentes de fruta que bajaron considerablemente el precio, afectando el ingreso de los productores colombianos.

Segunda: La modificación estructural en la política económica del país, que ante la necesidad de controlar variables como la inflación y abrir los mercados nacionales, inició una acelerada tarea de revaluación del peso, lo que afectó también, notoriamente, el ingreso de los cultivadores y las comercializadoras nacionales.

Tercera: La violencia en Urabá, que significó la muerte de administradores y trabajadores, la extorsión permanente a todas aquellas personas que adelantaban una actividad económica en la región y la implantación de una inusitada gama de nuevos delitos que iban desde el robo a mano armada de bienes e insumos hasta el "lavado de ganado":

Los grupos insurreccionales se han infiltrado en las administraciones locales, están controlando grandes territorios rurales, se han iniciado en las prácticas pecuarias con gran cantidad de ganado hurtado. Van impulsando y fortaleciendo el trabajo de las denominadas milicias, para controlar, a partir de ellas, centros urbanos y servir de enlace con los frentes guerrilleros; tienen incidencia importante en la comercialización de bienes en la región, y, vía la vacuna, la extorsión y el chantaje, están diciendo quiénes trabajan en la zona y a qué ritmo. Lo vivido en Urabá en materia de orden público en los meses de noviembre y diciembre de 1993, y enero de 1994, cuando se llevaron a cabo grandes masacres de trabajadores, es la mejor prueba de que lo que los distintos grupos guerrilleros están buscando en el país, no es otra cosa que combinar todas las formas de lucha para acceder al manejo hegemónico del poder. La violencia guerrillera nos está impidiendo ejercer gerencia en la actividad bananera, y este hecho le puede estar dando la estocada final a la actividad económica más importante de la región de Urabá. Vemos la necesidad de una intervención fuerte, coherente y clara del Estado colombiano, antes que de allí desaparezcan los cultivos de banano.

Cuarta: El faltante de fruta para exportar, como una consecuencia apenas obvia de la baja en la producción y la productividad.

Durante los dos primeros meses de 1994 se ha tenido unos faltantes de fruta, con relación a lo producido en el mismo período del año 1993 equivalentes a 22%, y en el resultado final del año se estima unos volúmenes totales de exportación, inferiores a los del año anterior, en 2,33%. Sin realizar unas prácticas culturales adecuadas, sin poder controlar los ciclos de abonamiento, el número de matas por hectárea, y, lo que es más grave, sin poder estar de manera permanente en las fincas desarrollando una gerencia adecuada en las plantaciones, no es posible obtener unos buenos resultados en la producción y hacer presencia en los mercados internacionales con una fruta que por su calidad y sus costos, sea competitiva.

Sin embargo, el gerente de AUGURA destacó como positiva la negociación de los pliegos de peticiones:

No todo lo que tenemos que registrar en 1993 fue negativo: durante este período adelantamos la negociación de más de 300 pliegos de peticiones presentados para igual número de empresas bananeras. Tenemos un sistema que combina la negociación de industria con la negociación de empresa; pactamos unos salarios y unos beneficios sindicales cuyo monto está ligado de manera directa a los niveles de productividad de la empresa; abordamos una negociación con la decisión, en etapa informal, de la realidad de la actividad, el entorno de orden público, el impacto de las medidas macroeconómicas adoptadas por el gobierno nacional y la necesidad de encontrar los caminos que permitan la permanencia de Colombia en esta actividad. Lo que hicimos fue estudiar las peticiones de una organización sindical dentro de la viabilidad del negocio, para establecer el valor de uno de los componentes más importantes de toda empresa, como son los salarios. Para esto contamos con una organización sindical madura, que viene rechazando de manera insistente la injerencia que sobre ella quieren ejercer las organizaciones guerrilleras.

La Junta Directiva de AUGURA observó así la situación económica general del país como producto de las políticas oficiales:

En términos de variables macroeconómicas, el país tuvo una inflación del 22,16%, y una devaluación nominal, con tasa de cambio oficial del 13%, y de 8,8% referido a la tasa representativa del mercado, que sumados estos dos factores a la eliminación del CERT para la fruta que va al mercado norteamericano, es decir, el 47,5% del total de lo exportado de Urabá, y al mantenimiento de la figura de los certificados de cambio como mecanismo para evitar la monetización de las divisas, le significaron unas pérdidas a la actividad bananera equivalentes a 24,8% sobre el valor de sus ventas brutas, que sobre un total de USD 274,4 millones, equivalen a la suma de USD 68 millones para la operación adelantada en Urabá, y de USD 99,1 millones para el conjunto de la actividad bananera colombiana. En una sola cifra, las cuatro medidas macroeconómicas señaladas en este informe le significaron a cada productor colombiano, para el año 1993, en términos nominales, una pérdida estimada no inferior a USD 1,21 por caja exportada[80].

Ante el desbordamiento de la situación social de Urabá, el gobierno de César Gaviria expidió el Plan Urabá[81], cuyo objetivo era mejorar las condiciones económicas y sociales de la región y sus zonas de influencia, fortaleciendo el sistema de justicia, incrementando la cobertura social física de servicios, apoyando la gestión fiscal y de planeación de los municipios y propiciando un aprovechamiento racional de los recursos naturales.

Al diagnosticar la violencia, el Plan señalaba que el crecimiento de la agricultura comercial y de la población urbana había estado acompañado de enfrentamientos laborales y disputas por tierras y servicios urbanos. Y todo ello, agravado por la presencia de grupos armados asentados en las áreas de expansión de la frontera agrícola, donde la presencia estatal era más débil y la institucionalidad estaba aún en proceso de expansión.

El presidente Gaviria afirmaba que el entrelazamiento de la violencia armada,

---

80 AUGURA. Informes y balances 1993. Medellín, AUGURA, 1993. p. 916.
81 COLOMBIA. Departamento Nacional de Planeación. Plan de inversiones para el desarrollo social y de la justicia en Urabá y zonas de influencia. Santafé de Bogotá, Departamento Nacional de Planeación, 1993.

característica de la mayoría de las zonas de frontera, y las disputas propiamente urbanas constituían la especificidad del conflicto de Urabá. La extensión de las tierras para el cultivo se había hecho sobreexplotando los recursos hídricos y afectando negativamente el ecosistema, lo que comenzaba a generar dificultades en la oferta de agua. Los municipios de la zona bananera de Urabá habían tenido un acelerado crecimiento del ingreso privado, el empleo y la población, que no se había visto acompañado de un crecimiento simultáneo de los servicios públicos, la tributación local y los planes de oferta de tierra urbanizable para los nuevos habitantes.

Para hacer posibles los objetivos del Plan Urabá, el gobierno nacional prometió un presupuesto que en conjunto ascendía a $133.144 millones, de los cuales la Nación aportaría el 85,3%, los departamentos (incluyendo Córdoba y Chocó) 7,3%, los municipios el 5,6% y el sector privado 1,8%. Argumentó para ello que las dificultades no se podían solucionar simplemente incrementando la inversión nacional. Agregó que era importante que los municipios y el sector privado, así como los departamentos, definieran de manera conjunta las prioridades y participaran en la financiación y ejecución de las obras.

A pesar de la retórica, fue poco lo que se vio del Plan Urabá en ejecuciones y efectos.

Tampoco mejoró el orden público. Al iniciarse 1994, el 23 de enero, un comando de las FARC ejecutó la atroz masacre de La Chinita, en el Barrio Obrero de Apartadó, con un saldo de 35 trabajadores bananeros muertos y ocho heridos, un crimen de lesa humanidad que aterrorizó al país entero. Las víctimas eran militantes o simpatizaban con el movimiento Esperanza, Paz y Libertad. Tres semanas más tarde, el 14 de febrero, la Fiscalía ordenó la detención de Nelson Campos Núñez y José Antonio López Bula, miembros del Partido Comunista y la UP, alcalde de Apartadó el primero y exalcalde el segundo, como responsables del bárbaro asesinato. Se detuvo además al presidente de la Junta de Acción Comunal del barrio Policarpa Salavarrieta, Jorge Naún Orrego, y a veinte personas más en la zona roja de Apartadó, que comprendía los barrios Obrero, Policarpa, La Paz, Alfonso López, Diana Cardona y Santa María.

La mitad del año no fue mejor. La violencia y la delincuencia en la zona bananera alcanzaron dimensiones insospechadas. Las guerrillas quemaron varias empacadoras de fincas, destruyeron la fruta en camino al barco y robaron numerosos equipos de comunicaciones de los bongos que llevaban el banano a los barcos fondeados en el Golfo de Urabá. Muchos carros de las fincas fueron secuestrados y llevados a Nueva Colonia, a zonas de las FARC, y devueltos mediante pago. También se pagaba vacuna por sacar la fruta a los embarcaderos. Había además problemas de narcotráfico, tráfico de armas y delincuencia común. "Sólo el banano es una actividad seria, sana y permanente" [82], afirmaba el gerente de AUGURA, Juan Diego Vélez.

La situación del gremio bananero no podía ser peor: afectado por los precios internacionales, los atentados terroristas, la violencia, el pago de vacunas y la baja productividad, el sector acumuló deudas por $2.000 millones. Al ISS se le adeudaban $800 millones. A la Caja de Compensación de Camacol, ICBF y SENA se le debían $1.300 millones. A los sindicatos, $150 millones en aportes. El 60% de los productores debía la prima de medio año, y otros no habían pagado salarios desde hacía dos meses. Algunas fincas llevaban en paro quince días. Durante el primer semestre de 1994, la productividad cayó en 35 cajas por hectárea respecto a 1993, por lo cual se dejaron de producir 1,2 millones de cajas. No se realizaban bien las labores culturales.

Para 1995 se pronosticaba una mejoría del mercado de la UE, pero no había fruta por esa razón. Tampoco había crédito para los productores y su endeudamiento había pasado de $27.500 millones, en 1992, a $84.500 millones en 1993,

---

82 Vélez, Juan Diego. Entrevista al diario El Colombiano. Medellín. (29, jul. 1994) p. 1 B

con un aumento del 203%, solo en un año. El costo de producir banano era de USD 3,70 la caja y el productor recibía USD 3,60, es decir, perdía USD 0,10 por caja, o sea, $82 en solo costos de producción. Ya había seis fincas abandonadas.

Las medidas restrictivas de la UE al ingreso de banano tuvieron como efecto inmediato una disminución de la demanda.

El consumo per cápita en Alemania, el principal importador, durante el primer semestre de 1993, fue de 16,3 kilogramos por persona al año, y en el segundo, de 10,5 kilogramos, a partir de la entrada en vigor de las medidas restrictivas. Al término del primer semestre de 1994 y en comparación con igual período del año anterior, la producción había bajado 0,49% en Colombia y 4,14% en Urabá. Finalmente, en el mercado estadounidense la fruta alcanzó los precios más bajos de los últimos años. [83] La actividad llevaba tres años sin desarrollo tecnológico, realizando únicamente operaciones de supervivencia. Era la gran crisis.

El panorama no podía ser más desolador.

El gremio concluyó que no hay condiciones para que la actividad se siga desarrollando. AUGURA solicitó entonces al gobierno un subsidio de USD

---

83 Vélez, Juan Diego. Entrevista al diario El Colombiano. Medellín. (29, jul. 1994) p. 1 B.

0,40 por caja, es decir, USD 32,5 millones, para sobrellevar la situación. No fue escuchado su reclamo y, como siempre, el gobierno hizo oídos sordos al grito de auxilio de los productores nacionales.

SAMPER PROFUNDIZA LA APERTURA ECONÓMICA

En este escenario llegó Ernesto Samper Pizano a la Presidencia de la República. Su propuesta de gobierno no se diferenciaba mucho de la de su antecesor, pues en el fondo simplemente se trataba de profundizar el proceso aperturista que venía promoviendo Estados Unidos en el mundo y particularmente en América Latina.

En efecto, el gobierno de Samper continuó privatizando las empresas estatales estratégicas como las telecomunicaciones y los yacimientos de hidrocarburos, como también los servicios públicos, las carreteras y los aeropuertos. Lo mismo hizo con la salud y la seguridad social de los trabajadores. Promovió una reforma tributaria que aumentó dos puntos el impuesto al valor agregado, IVA. El mandatario liberal eliminó los subsidios en servicios públicos para las clases bajas y medias, lo que significó incrementos en las tarifas hasta del 300%, e inició la privatización de la educación pública.

Para el sector bananero, la llegada de Samper tampoco trajo consigo cambios favorables. El manejo macroeconómico siguió afectando la rentabilidad. La relación de una inflación mayor a la devaluación, para un sector netamente exportador como el bananero, se tradujo en grandes pérdidas. El acumulado para 1994 fue una inflación de 22,59% y una devaluación del 3,34%. El descuento hasta de 12,5% de los certificados de cambio (CERT) rigió hasta principios de 1994, afectando todas las transacciones económicas obtenidas en dólares, es decir, repercutiendo en los ingresos de comercializadoras y productores. La disminución temporal del CERT del 5% al 2,5% significó que los productores y comercializadores dejaran de percibir 2,5% sobre el valor FOB de por lo menos el 46% de la fruta total exportada en los últimos tres años. [84]

AUGURA consideró que para superar la gran crisis bananera colombiana, que ya ajustaba más de cuatro años, se requería, entre otras cosas, que los países más desarrollados del mundo reactivaran sus economías.

---

84 VELEZ VENEGAS, María Cristina. Banano: Análisis y perspectivas. En: AUGURA. Órgano de difusión de la Asociación de Bananeros de Colombia. Año18, No 1. p. 4 11

En su Panorama Económico Mundial, presentado a finales de 1994, el FMI señaló que el crecimiento de la economía mundial en 1994 sería de 3% y que el crecimiento de 1995 estaría por el orden de 3,5%.

Los países industrializados tendrían un crecimiento del 2,7% en 1994, e igual índice en 1995. Para EEUU preveía el Fondo un crecimiento del 3,7% para 1994 y del 2,5% para 1995. El crecimiento de la UE durante 1994 se estimó en 2,1% y para 1995 en 2,9%. Para el FMI, la recuperación económica en los países industrializados estaba en plan de consolidación, lo que permitiría reanimar gradualmente la actividad mundial y el comercio internacional. [85]

Un panorama tan optimista estaba lejos de reflejarse en Urabá, donde la crisis económica había acentuado los bajos niveles de productividad. Varias causas provocaban el fenómeno, pero la principal seguía siendo el incremento de la violencia. El área bananera era tierra de nadie. Los grupos armados de diversa naturaleza eran la ley e imponían las condiciones de producción, sin que los propietarios o sus administradores pudieran ejercer mayor control sobre el proceso productivo. El caos imposibilitaba una administración adecuada para las necesidades del cultivo agroindustrial. La ineficacia de las fuerzas militares para controlar a los grupos violentos era alarmante.

---

85 Ibid.

IRRUMPEN LOS PARAMILITARES

Fue en este contexto en el que irrumpieron con fuerza desbordada los grupos paramilitares, que le declararon la guerra a las FARC y al EPL. Si bien el fenómeno del paramilitarismo no era nuevo en Urabá, sí se trataba ahora de organizaciones mejor coordinadas, incluso a escala nacional y fuertemente armadas. Desde mediados de la década de los ochenta habían hecho su aparición algunos grupos por la Serranía de Abibe, por los lados de San Pedro de Urabá, Valencia y Tierralta, donde había enormes extensiones de tierras ganaderas, y, como resultado de su acción, prácticamente el EPL y las FARC fueron expulsados de la zona.

La guerra abierta entre los paramilitares y las FARC, que implicó también a los esperanzados y al EPL, dio paso a una oleada de matanzas de lado y lado y al desplazamiento masivo del campesinado. Miles y miles de desplazados llegaron a la zona bananera agudizando los problemas de asesinatos, secuestros, extorsión, chantaje, boleteo, saboteo a la producción, atracos y demás manifestaciones delincuenciales.

Las FARC prosiguieron su campaña de exterminio contra los miembros y simpatizantes del grupo Esperanza, Paz y Libertad. No bastaron masacres como la de Honduras y La Negra en 1987, pues en 1996 se perpetraron la del Bajo del Oso y Los Cunas, ambas atribuidas a las FARC y que estremecieron a la opinión pública nacional por la sevicia con la cual se ejecutaron.

La respuesta no se hizo esperar. Los paramilitares respondieron ejecutando las masacres del Aracatazo, en Chigorodó, la del billar del Barrio Alfonso López, en Apartadó, y otra en un bar del centro de la misma población. En todas ellas, el saldo de víctimas fue espeluznante. La guerra sembraba de sangre los pueblos y los campos, sin contar los asesinatos al detal que todos los días sucedían en la región, sin duda la más violenta de Colombia por ese entonces.

Los grupos paramilitares no tardaron en ligarse también al narcotráfico en la zona bananera de Urabá, por la necesidad de extender un cinturón de seguridad alrededor de las áreas ganaderas, arriba del área bananera, y contar con una salida segura a aguas internacionales.

Pero, sin duda alguna, fue el desborde demencial de la guerrilla lo que creó las condiciones para que el fenómeno paramilitar se fortaleciera, como sucedió en otras regiones del país, como el Magdalena Medio y los Llanos Orientales.

Al mismo tiempo, Estados Unidos arreciaba en su ofensiva contra el presidente Ernesto Samper, que había anunciado la construcción de un canal interoceánico entre Urabá y el Chocó, pero no logró su primer cometido, pues la Cámara de Representantes de Colombia absolvió al primer mandatario. Al mismo tiempo, el Comando Sur o Southcom situó tropas en la frontera con Colombia —es decir, apuntando a Urabá—, autorizado por el gobierno panameño y so pretexto de llevar a cabo unos ejercicios militares. La Casa Blanca anunció mayores sanciones económicas para Colombia, más drásticas que las ya derivadas de la descertificación y mantuvo durante todo el cuatrienio una espada de Damocles sobre el presidente Samper. Nunca se debe olvidar que el aspecto principal de la crisis que vive el país es la intervención de Estados Unidos en los asuntos internos de Colombia. Es el mismo imperialismo que a comienzos de siglo nos cercenó a Panamá. Como dijo Simón Bolívar: *"Los*

Estados Unidos parecen estar destinados por la Divina Providencia para plagar de hambre y miseria a los pueblos americanos en nombre de la libertad".

CONCLUSIONES

El progreso de un país depende del desarrollo soberano de sus fuerzas productivas. Solo el desarrollo genera la riqueza necesaria para resolver los diversos problemas que tiene una nación y elevar la calidad de vida de su gente mediante la generación de empleos que permitan ir saliendo progresivamente de la pobreza. Solo el desarrollo soberano de sus fuerzas productivas garantiza que un país pueda abastecer su mercado interno y sostener dignamente a su población tanto en alimentación como en las necesidades básicas que una comunidad requiere, mientras que los excedentes productivos permiten generar una balanza comercial favorable con otros países, permitiendo importar bienes y servicios que no producimos ni tenemos, pero que necesitamos.

Colombia se ha mantenido en el atraso debido a estar sometida a la dominación económica por parte de EE. UU., que, utilizando herramientas de subyugación como el FMI, el BID, el Banco Mundial y la OCDE, han impedido el desarrollo soberano de nuestras fuerzas productivas, imponiendo mecanismos como los tratados de libre comercio, en especial el suscrito con EE. UU., que abre nuestras fronteras económicas al ingreso sin límites de toda clase de mercancías, productos agrícolas y servicios, mientras nosotros prácticamente no tenemos nada para compensar ese comercio desigual.

El caso de la zona bananera de Urabá es un ejemplo típico de la gran lucha que significa el desarrollo nacional, en interés propio de las fuerzas productivas. La producción bananera en Urabá arrancó y logró consolidarse, gracias al monumental esfuerzo de los empresarios y trabajadores colombianos, y a pesar de los gobiernos, las guerrillas y las empresas multinacionales bananeras. La posición dominante de la United Fruit Company y los vaivenes propios de la producción y comercialización de la fruta, la falta de apoyo por parte de los gobiernos y la violencia guerrillera fueron dificultades casi imposibles de superar que debieron enfrentar los obreros y los productores bananeros. Solo el tesón de ambos y la visión estratégica empresarial hicieron posible que crear y consolidar una zona bananera en Urabá fuera una gesta y no un fracaso.

A pesar de las difíciles condiciones internas y externas de la época, unos empresarios audaces y visionarios se dieron a la tarea de crear una comercializadora nacional bananera para intentar lo que parecía imposible: ingresar al mercado mundial bananero, tanto de EE. UU. como de Europa, dominado por poderosísimas empresas fruteras internacionales, para arrebatarles un pedazo del mercado que controlaban con particular eficacia.

En 2023, la producción de banano alcanzó en Colombia los 105 millones de cajas de 20 kg al año, la cual se encuentra concentrada en dos zonas: Urabá-Antioquia y Magdalena, La Guajira y El Cesar, por un valor en USD de 969,1 millones que generaron 42.000 empleos directos y más de 108.000 indirectos.

El total sembrado fue de 53.318 hectáreas con una productividad de 2.023 cajas por hectárea.

Se exportó a 29 países, siendo el destino principal la UE (57,7%), EE.UU. (16,1%) y Reino Unido (14,2%), respectivamente.

En 2023, los ingresos bananeros contribuyeron con un 7,2% del PIB agropecuario colombiano.

De Urabá se exportaron 63,6 millones de cajas por USD 575,2 millones en 33.902 hectáreas.

UNIBAN exportó el 30% del total, Técnicas BALTIME el 18%, BANACOL el 15% y Bananeros Unidos de Santa Marta el 11% [86].

A pesar de la incertidumbre política y económica que se cierne sobre el país, generada por un gobierno que no sabe para dónde va, el sector bananero espera mantener los niveles de producción, exportación e ingresos para el presente año. El bajo crecimiento del PIB y la baja expectativa de crecimiento, las altas tasas de interés y la alta tasa de pobreza multimodal y monetaria son amenazas que enfrenta el sector para mantener lo logrado y mejorar el desempeño.

La actitud del gobernante de turno, que ve a los empresarios no como aliados para el progreso, sino como enemigos a doblegar y derrotar, es un duro escollo a superar. No hay apoyo para el cultivo, el gobierno no adelanta inversión en infraestructura y no hay incentivos que permitan pensar en un mejor mañana. El gobierno sigue siendo un obstáculo a superar, como en los primeros días, para sostener activa la producción bananera en Colombia.

Por otro lado, la violencia continúa apropiándose de la región de Urabá: las guerrillas volvieron, especialmente las FARC, y se fortalece la delincuencia común que, mediante el asesinato

---

86 |Información tomada de la página web de UNIBAN.

y la extorsión, intenta estrangular al empresario bananero.

Y las empresas multinacionales, competidoras de nuestras exportadoras nacionales, continuarán recurriendo a todo tipo de tretas para impedir su progreso y arrebatarles la porción de mercado que con tanto esfuerzo han conquistado durante más de 50 años.

Pero hoy, como hace más de medio siglo, hay empresarios y trabajadores dispuestos a seguir adelante y no dejar que se extinga para el país este gigantesco esfuerzo que es fuente de empleo y bienestar para tantos colombianos.

UNA NUEVA QUIJOTADA

Como hace más de 50 años, algunos de los quijotes que iniciaron la demencial aventura de crear una nueva zona bananera en el mundo y, posteriormente, disputarle el mercado a multinacionales ya muy consolidadas, entre ellos el Dr. Jaime Henríquez Gallo, emprenden una nueva quijotada: construir un nuevo puerto marítimo en el país que entrará en operación en 2025.

En la empresa dueña del proyecto Puerto Antioquia, denominada Sociedad Bahía Colombia de Urabá, participan varias empresas agroindustriales de la zona: el Grupo Santamaría, C.I. UNIBAN, C.I. BANAFRUT y C.I. TROPICAL. Inversión privada nacional como Puertos, Inversiones y Obras (PIO

SAS), del empresario vallecaucano Óscar Isaza. También tiene inversión extranjera como CMA CGM, la tercera naviera más grande del mundo y la gestora de la obra.

Los encargados de construir la infraestructura física, el viaducto en los muelles y las vías de acceso, entre otros, son el Consorcio Terminal Marítimo Cotema, conformado por Eiffage, el tercer grupo francés de la construcción, y Termotécnica Coindustrial, que forma parte del grupo empresarial Ethuss. En actividades complementarias están el Consorcio Empresarial MIIT de Metalteco e Inacar, encargados de desarrollar las obras para el área de graneles, y el grupo belga Jan De Nul, que realizó el dragado para ampliar la profundidad en el área donde estará ubicada la plataforma marina.

El costo estimado del proyecto es de USD 672 millones, mediante un paquete financiero conformado por un préstamo de USD 150 millones propios del BID Investment (Grupo BID dedicado al sector privado) más otros USD 50 millones de fondos bajo administración del BID Invest; un financiamiento de Global Infrastructure Partners y préstamos de USD 193 millones por parte de la banca local colombiana, entre los que se encuentran Bancóldex, Financiera de Desarrollo Nacional y Davivienda. El nigeriano Bayo O. Oguensi, presidente y socio director de la empresa de capital de riesgo Global Infrastructure Partners (GIP), especializado en infraestructuras, fue uno de los financiadores.

El puerto es un innovador diseño de una plataforma marítima de 5 posiciones de atraque en la bahía, con una profundidad de 16.5 metros que permitirá recibir los buques Panamax (los más grandes que pasan por el Canal de Panamá). La plataforma está conectada mediante un viaducto de 3.2 kilómetros a las 34 hectáreas terrestres adecuadas para bodegas de almacenamiento refrigeradas y no refrigeradas. Es una terminal multipropósito con capacidad para gestionar carga general, vehículos, contenedores refrigerados y secos, graneles sólidos y líquidos. Este puerto contará con un muelle de 91 metros de ancho por 1.340 metros de largo y podrá recibir buques contenedores de 367 metros de eslora.

Será el puerto colombiano en el Caribe 350 kilómetros más cerca de los principales centros de producción y consumo del país. Se destaca que, con la construcción de Puerto Antioquia, las distancias entre el interior del país, puntualmente Bogotá y Medellín, y el norte del país se reducirán un 33% y 47%, respectivamente, al contar con este centro de conexión en el municipio de Turbo, que mejorará la eficiencia del transporte de carga. Será el puerto más cercano a Bogotá y Medellín y gran parte del país, con un enorme ahorro en tiempo y dinero, indispensables para mejorar la competitividad de los productos agrícolas e industriales de exportación. Igualmente, abaratará el valor de las importaciones.

La construcción del proyecto genera 1.800 empleos y, durante su operación, ocupará a 1.000 personas, 800 de las cuales serán de la región.

Se estima que 800 nuevas empresas se crearán en Urabá con ocasión de la construcción y operación de Puerto Antioquia, con la generación de 17.000 nuevos empleos [87].

Así como José Arcadio Buendía, en *Cien años de soledad*, atravesó junto a su familia selvas y manglares de nuestra costa colombiana en búsqueda del progreso y fundó Macondo hace más de 50 años, otros José Arcadios también lo dejaron todo y atravesaron selvas y manglares de Urabá para buscar el progreso con la producción bananera. Hoy, emprenden un nuevo delirio: la construcción de Puerto Antioquia, que entrará a operar el próximo año.

---

87 Información tomada de la página web de Puerto Antioquia.

EL AUTOR

Eduardo Benavides Legarda

Pasto, 1952.

Sociólogo y abogado.

www.ingramcontent.com/pod-product-compliance
Lightning Source LLC
Chambersburg PA
CBHW061333250726

48657CB00004B/1150